INTRODUCCIÓN

Intervención Socioeducativa para la Igualdad es uno de los módulos que componen el Ciclo Formativo de Grado Superior de Promoción de Igualdad de Género. Este texto corresponde al material entregado en los cursos 2016/17, 2017/18 y 2018/19 en el IES Número 1 de Gijón. Sus contenidos están relacionados con los de otros módulos de la Familia Profesional de Servicios Socioculturales y a la Comunidad, como el de Intervención Socioeducativa con Jóvenes, dado que las bases de la intervención socioeducativa son comunes. También guardan estrecha relación con disciplinas pedagógicas como Didáctica, así como con otros módulos socioeducativos como Metodología de la Intervención Social, común a diversos ciclos de la familia profesional.

El texto organiza los contenidos del módulo en cinco capítulos o unidades. El primero de ellos reflexiona acerca de la relación entre género y educación: cómo la educación es el mecanismo a través del cuál se perpetúan los roles y estereotipos de género. Asimismo, pasa revista a algunas de las principales teorías del aprendizaje que pueden contribuir a explicar los mecanismos por los cuáles se realiza este proceso. El segundo capítulo plantea las posibilidades que tiene la educación para contribuir a la igualdad: si los mecanismos por los que se perpetúa la desigualdad son educativos, serán necesarias acciones educativas para revertirlos. Centra la atención en los procesos de educación no formal, en los que pueden desarrollar acciones formativas las y los agentes de intervención socioeducativa, tales como lxs promotorxs de igualdad de género, e identifica aspectos que es preciso tener en cuenta en la intervención con diferentes colectivos.

Los capítulos tres, cuatro y cinco se centran en la planificación, ejecución y evaluación de acciones formativas para la igualdad. Estos capítulos están adaptados de los correspondientes de Didáctica General: planificación y evaluación como herramienta para la mejora educativa; de la misma autora, publicado en Amazon; porque la planificación de toda intervención educativa, con adecuada perspectiva, ha de responder a los mismos criterios y estructura.

En la lucha por la igualdad entre mujeres y hombres concurren muchas disciplinas: la perspectiva de género hace descubrir una nueva mirada que desvela campos insospechados de estudio y acción. Pero si alguna disciplina es clave para lograr comprender cómo se produce la desigualdad y, por tanto, saber cómo intervenir para superarla, es la educación. Solo con una profunda comprensión y análisis crítico de cómo educamos como sociedad, tanto en la educación formal, como no formal e informal, será posible desvelar las prácticas discriminatorias y cambiarlas para crear, paso a paso y generación a generación, una sociedad en la que cada ser humano pueda desarrollar plenamente sus capacidades y posibilidades sin que el sexo, u otras características biológicas o sociológicas, le limite y cercene su derecho a ser y crecer.

Índice

Capítulo I - GÉNERO Y EDUCACIÓN

1 QUÉ ES LA EDUCACIÓN

1.1 *EL SER HUMANO COMO SER QUE APRENDE*

El ser humano se caracteriza por nacer con una pauta de conductas innatas muy escasa en comparación con el resto del mundo animal. Se encuentra, por lo tanto, en una situación de indefensión grande, ya que tampoco cuenta con recursos físicos de protección ante la naturaleza y ante las agresiones. Se caracteriza, también, por tener un período de desarrollo muy largo en el tiempo durante el cual depende para su supervivencia del cuidado de otros miembros de la especie. Sin embargo, este ser que nace tan indefenso alcanza niveles de desarrollo cognitivo y una capacidad de intervenir sobre la naturaleza superiores al resto de los seres vivos.

Lo que caracteriza al ser humano es ser un ser que aprende. El largo período de dependencia entre su nacimiento y el desarrollo de las capacidades para la vida autónoma – que, por cierto, se alarga más cuanto más compleja es la sociedad en la que vive – es un tiempo dedicado al desarrollo de nuevas capacidades y habilidades a través del aprendizaje. Es tiempo de educación, sin la cual, el ser humano no llega a adquirir muchas de las capacidades que le caracterizan.

La polémica entre la naturaleza y la cultura ha atravesado la historia de la reflexión pedagógica y antropológica. ¿Qué es más importante en el ser humano: lo natural (genético, heredado, biológico) o lo cultural (adquirido, aprendido, educado)? Desde el siglo XVIII, con la polémica entre innatismo y empirismo, se ha venido acentuando uno u otro polo de la dicotomía. La postura innatista, vinculada al naturalismo, concibe al ser humano como un ser que contiene en sí mismo todas las potencialidades. Así, el papel de la educación será únicamente «quitar obstáculos» para que pueda surgir lo que ya estaba dentro. Simplificando, podríamos señalar que, desde esta postura, el ser humano nace «completo» y que el proceso de educación y aprendizaje no añade nada, sino que únicamente permite que lo que ya estaba en él se desarrolle y manifieste. Esto es, se trata de una semilla que brota en la interacción con el entorno (necesita agua y luz, puede no lograrse), pero está completa y pre-programada desde el principio, aunque necesite de la ayuda externa para desarrollarse.

La postura empirista se coloca en el extremo contrario. El ser humano es una «tabla rasa» al nacer y su desarrollo es producto de la educación y el aprendizaje. Nace con el material disponible, pero sin elaborar, «no hay nada escrito en él», y cómo se desarrolle (lo que se escriba) depende de lo que en él incida el entorno.

Esta perspectiva es importante, porque en nuestra propia concepción educativa implícita y en las de cualquier «no experto» en educación podemos reconocer rasgos de una u otra de estas dos posturas que se han repetido a lo largo de la historia de la educación y el pensamiento psicopedagógico. Hoy se traducen en términos herencia/ambiente. Cuando buscamos ansiosamente en el código genético (o en los «ancestros») las causas de la delincuencia, el alcoholismo, la agresividad o simplemente la inteligencia (cuando sacralizamos el C. I. que tantos problemas ha provocado), o cuando atribuimos al sexo comportamientos o capacidades de una persona concreta estamos partiendo, consciente o inconscientemente, de la concepción de que el ser humano nace programado, que cada uno es lo que es genéticamente y que, aunque se puedan aminorar o modificar ligeramente los resultados a través del aprendizaje, lo primero y principal es lo que a cada uno le tocó genéticamente. Cuando, por el contrario, ponemos el interés en los métodos de enseñanza, en el contexto que produce una u otra situación en las personas (esto siempre se manifiesta más con los casos extremos: delincuentes, genios), o en cómo se potencian o limitan las capacidades personales desde el contexto en hombres y mujeres estamos considerando que el ambiente es lo que más influencia tiene en el desarrollo de la persona.

El hecho es que no existe ningún ser humano que haya desarrollado las capacidades propias de la especie (lenguaje, inteligencia) que no haya sido educado. La idea de que «el ser humano nace bueno y la sociedad lo corrompe» llevó, en el s. XIX, a suponer que un ser humano criado en ambiente plenamente natural y sin contacto con otros seres humanos sería la persona ideal, el «niño salvaje» soñado. Esta utopía se pudo contrastar con la realidad al encontrar niños salvajes que se habían criado sin la presencia de otros seres humanos, al menos durante la mayor parte de su vida. Si bien habían sobrevivido, no pudieron ya desarrollar algunas capacidades específicamente humanas, especialmente el lenguaje. La investigación psicológica posterior ha contrastado, asimismo, cómo la relación social y el aprendizaje son imprescindibles para que se desarrollen en el ser humano lo que se ha dado en llamar «procesos psicológicos superiores», incluyendo el lenguaje. Esto es, **el ser humano no se desarrolla como tal sin la educación**. No solo es posible y necesario educar, sino que es imposible no educar. La educabilidad y la necesidad de educación y aprendizaje es, en este sentido, constitutiva del ser humano. Por eso la educación es un «derecho humano», al igual que la alimentación o la salud.

Esta cuestión es de importancia capital cuando la observamos con perspectiva de género. El reconocimiento de la distancia existente entre lo que en el ser humano está determinado por la naturaleza y el desarrollo del ser humano, que pasa necesariamente por la educación, permite desmontar la naturalización de las diferencias entre los sexos que ha servido, durante siglos, de justificación para situar a las mujeres en una situación de sometimiento. En el ser humano no podemos distinguir la naturaleza de la cultura, de la misma manera, no podemos establecer fronteras precisas entre los condicionantes del comportamiento producidos por el sexo (biología) y los producidos por el género (construcción cultural). Esto es: no podemos atribuir a cuestiones biológicas comportamientos acabados que han sido mediados por la cultura y la educación.

1.2   QUÉ ES LA EDUCACIÓN

El término «**educación**», como tal, es un neologismo surgido en la Ilustración[1]. Antes, en castellano, para designar lo que se hacía con los niños y niñas y que hoy identificaríamos claramente como «educación» o «enseñanza» se utilizaban principalmente dos términos: «nodrir» y «criar», esto es, nutrición y crianza. El concepto de educación estaba ligado a los cuidados que el/la niño/a necesitaba para desarrollarse y crecer. Sin embargo, la concepción educativa incluía también la necesidad de «castigar» (que, en su tiempo, fue sinónimo de educar) para que esa crianza se desarrollara adecuadamente.

Estos términos implican una determinada concepción del/la niño/a y, por ende, del ser humano. Hasta la Ilustración, el término «criado» designaba tanto al servidor como al niño y, en las clases nobles, el tratamiento que recibían los criados y los niños era el mismo. El niño era un «no adulto», no se definía en positivo, sino en negativo. El s. XVIII es el siglo que comienza a «descubrir» o configurar la idea del niño tal y como la concebimos ahora. La perspectiva de Rousseau, que, en el "Emilio" reivindica las características positivas del niño, hay que comprenderla en el conjunto de las transformaciones sociales y económicas de la época. Cabe señalar que Rousseau rompe radicalmente su coherencia argumentativa, como denuncia Mary Wollestonecraft, para incluir unas características "naturalmente diferentes" en Sofía, la niña, y justificar, a partir de ahí, ofrecer una diferente educación a los dos sexos.

El término «educación» tiene dos lecturas etimológicas posibles. Una de ellas, *ducere* significa *"criar o alimentar"*, en consonancia con la perspectiva de crianza y nutrición. La segunda, *educere,* significa *"extraer de dentro hacia fuera"*. Estas dos lecturas se corresponden con las dos concepciones de la educación a las que antes nos referíamos[2]. La primera refleja la concepción de que el ser humano necesita recibir del entorno alimento

---

[1] C. Lerena (1983).

[2] J. Castillejo (1984) citado en J. Sarramona (2000).

(no sólo material) para desarrollarse como tal (preeminencia de la cultura y la educación) La segunda es la concepción de educación que expresaba Sócrates, cuando comparaba la tarea del educador con la de la partera (la mayéutica socrática), que hace dar a luz lo que ya está (preeminencia de la naturaleza y biología); dos acepciones que no son más que reflejo de dos concepciones antropológicas y sociales que sirven a intereses diferentes: la primera ofrece bases para la igualdad entre los seres humanos mientras que la segunda justifica "naturalizándola" la desigualdad.

A lo largo de la historia, muchas definiciones se han centrado en las funciones o finalidades de la educación (el «para qué»). Así, **Durkheim** definía la educación como un *"proceso de socialización de las generaciones jóvenes"*, acentuando la función que de hecho tiene de transmitir a las generaciones jóvenes la cultura de una sociedad determinada y hacer que la incorporen personal y vitalmente. Por otra parte, otras definiciones se han centrado más en la función del desarrollo personal de los sujetos, acentuando la dimensión de *ducere* (alimentar, guiar) o *educere* (extraer).

Actualmente la psicopedagogía valora que estas perspectivas son complementarias. No es posible excluir ninguna de ellas, ya que los procesos educativos cubren diversas funciones y de diferentes maneras. Por otra parte, la educación ha ido ampliando sus perspectivas, así que ya no nos son útiles las definiciones que ligan la educación a la infancia o a una determinada situación o contexto.

Sarramona (2000) define la educación como un *"proceso de humanización en los individuos que supone un acción dinámica del sujeto educando con otros sujetos, se lleva a cabo de acuerdo a una escala de valores, constituye una dimensión básica de la cultura y garantiza la supervivencia de ésta, y se trata de un proceso permanentemente inacabado"*. Esta definición plantea algunas luces y algunas limitaciones:

- En primer lugar, nos enfrenta con la necesidad de **definir qué es la humanización**. Esto es, incorpora como parte de la definición el hecho de contribuir a que el ser humano se desarrolle como tal, desarrolle sus potencialidades, sea "cada vez más humano". Este planteamiento será seguramente ampliamente compartido, pero no nos explica en qué consiste la educación si no desarrollamos un planteamiento antropológico que sitúe qué es lo que estamos considerando como "propio del ser humano", y, por tanto, en qué puede consistir la humanización.

- Por otra parte, la definición refleja bien la **doble dinámica y función** que ha atravesado el concepto y la práctica de la educación a lo largo de toda la historia: por una parte la referencia al **individuo** (proceso de humanización) y por otra su referencia a la **cultura**, entendida en sentido amplio. La educación puede ser vista, por tanto, desde la perspectiva sociológica/cultural como una forma de reproducción y de dinamización y evolución de la sociedad y la cultura que esta desarrolla. Desde esta perspectiva, tan importante como desarrollar el planteamiento antropológico en el que se apoya una perspectiva educativa será desarrollar el planteamiento sociológico cultural (ligado siempre al antropológico) que la sustenta.

- Además, cabe resaltar la importancia de la **escala de valores** como referencia para la educación. Una referencia que, a su vez, nos obliga a describir los valores en los que se apoya cada acción y planteamiento educativo, en relación al planteamiento antropológico, sociológico y cultural.

Una definición más breve y más generalista puede ser la siguiente: la educación es un *proceso de cambio en los individuos que se desarrolla a través de la intervención de otros sujetos de forma intencional.* Tanto en esta como en la definición anterior están presentes otros tres aspectos cruciales para caracterizar la educación:

- Es un **proceso**. Frente a la concepción de la educación como «producto», es importante destacar que la educación es ante todo un proceso: donde no hay proceso, no hay educación. El proceso supone que existe un determinado **recorrido**, un **punto de partida**, una **meta** o un **punto de llegada**. Entre ese punto de partida y ese punto de llegada se dan diferentes pasos sucesivos e interrelacionados. De cómo se haya dado el paso anterior dependerá cómo pueda darse el paso siguiente. Y el punto de partida, diferente y original para cada persona, orientará los pasos a dar para llegar a la meta propuesta.

  En este proceso intervienen diferentes elementos que es preciso tener en cuenta. Cada uno de ellos tiene su ritmo propio, sus posibilidades y limitaciones; es preciso tener en cuenta el tiempo imprescindible para que los procesos educativos puedan dar fruto.

  Por otra parte, se trata de un proceso permanentemente inacabado. Nunca una persona está «totalmente educada». La educación es un proceso vital en el que los seres humanos vamos cambiando a través de toda nuestra vida.

- Supone un **contexto humano**. Los procesos educativos se dan siempre en un contexto humano, esto es, en un contexto social, normalmente a través de la intervención directa de otros seres humanos. Puede haber procesos de cambio en las personas que se desarrollen relativamente al margen de otras personas: aprendizaje por observación o experimentación autónoma, autorreflexión, etc, que tenderíamos a definir más como aprendizaje que como educación. En cualquier caso, los seres humanos incorporamos en nosotros mismos, a partir de nuestras experiencias y aprendizaje temprano, lo social como parte de nuestra identidad.

La presencia de otras personas es imprescindible para el desarrollo de las capacidades que caracterizan a los seres humanos y que Vygotski denominó "procesos psicológicos superiores": el lenguaje, la inteligencia, la creatividad, etc, así como para el desarrollo afectivo y relacional. La educación es un proceso de comunicación, eminentemente relacional, y la relación es la herramienta privilegiada para los procesos educativos.

Que la educación se dé en un contexto humano o social implica que la definición de las metas hacia las que tiende va a estar condicionada en buena medida por lo que una determinada sociedad, a través de los educadores (parte de esa misma sociedad y con una función que ella les ha asignado) consideren como «bueno» o responda a sus intereses. Por eso, al pensar la educación hemos de tener en cuenta siempre el contexto social en el que se da.

- Es **intencional.** En todo proceso educativo hay una intencionalidad explícita y una intencionalidad implícita. Siempre se educa «para» algo. Es, por tanto, importante saber «para qué» queremos educar y para qué estamos educando de hecho. En la educación intervienen tal cantidad de elementos que es fácil no ser consciente de qué es lo que realmente estamos provocando con una determinada intervención educativa[3]. Como, según señalábamos antes, la educación siempre se da en una determinada sociedad que tiene su propia escala de valores, sus propias necesidades y sus propios intereses. Cada educador ha de ser consciente de su

---

[3] Por poner un ejemplo: durante años se ha utilizado el castigo como medio habitual de educación. La forma de hacer   una conducta que se considera negativa no se repita es que tenga consecuencias desagradables para el individuo. Sin embargo, el castigo, que puede ser una herramienta educativa en algunos niveles y casos, en otros provoca efectos que no prevemos y que probablemente no deseamos. Si la persona no identifica con claridad el motivo del castigo, es posible que «aprenda» cosas distintas a las que deseábamos enseñarle. Por otra parte, el castigo puede provocar agresividad de forma reactiva, o, en ocasiones, puede llegar a funcionar como premio, ya que centra la atención sobre la persona. Como se suele señalar en la educación con colectivos desfavorecidos o marginales, "es mejor ser malo que no ser"

propia intencionalidad al educar[4] y descubrir, con mirada crítica, la intencionalidad social de la que es depositario, la mayoría de las veces de forma inconsciente.

La intencionalidad se apoya en una escala de valores. Toda intervención educativa responde a una determinada escala de valores socialmente establecida y matizada por el propio educador. De nuevo encontramos que esta escala de valores es, en muchas ocasiones, implícita. Es necesario plantearnos de forma crítica y honesta los valores en base a los cuales realizamos nuestra acción educativa.

Estas características de la educación son las que hacen imprescindible la toma de postura antropológica y ética para abordar y desarrollar el hecho educativo. Hacen, asimismo, al proceso educativo muy vulnerable, muy dependiente de las concepciones socialmente aceptadas, y este es un aspecto que no podemos perder de vista desde una perspectiva de género. Todo proceso educativo que se desarrolle a partir de una concepción de que los hombres y las mujeres son fundamentalmente, naturalmente, diferentes y que deben cumplir funciones diferentes en la vida y en la sociedad (esto es, una concepción patriarcal) orientará sistemáticamente, de manera consciente e inconsciente, todas sus acciones a producir esa diferencia en la vida de las personas y, por lo tanto, contribuirá a la desigualdad de género a través de la educación en el mandato de género para cada uno de los sexos. Realizar una educación efectivamente no sexista requiere una reflexión consciente, una toma de conciencia de las concepciones implícitas de las y los educadores/as y un esfuerzo sistemático y creativo de modificarlas y orientar el proceso educativo de manera que facilite la igualdad.

1.3   *EDUCACIÓN FORMAL, NO FORMAL E INFORMAL*

¿Podemos reducir la educación a la enseñanza que se desarrolla en los centros educativos? Obviamente no. Nadie defendería a estas alturas de la historia que sólo se hace educación en la escuela y la Universidad. Pero nuestra manera de abordar la educación nos traiciona, y en demasiadas ocasiones hablamos de estudiar la educación y terminamos sólo hablando de la enseñanza formal.

---

[4] Esta intencionalidad también está influida por los propios intereses y necesidades del educador. Es fácil que, cuando pretendemos que los educandos de cualquier nivel o ámbito sean «tranquilos» estemos respondiendo a nuestra necesidad de que «no nos molesten», aunque lo que formulemos sea que consideramos que es importante que se formen como personas autocontroladas y pacíficas.

Para evitar esto, es importante tener presente la distinción entre educación formal, no formal e informal. Esta distinción se ha hecho clásica desde los años 70, y necesaria como consecuencia de la formalización extrema de los sistemas educativos, que parecieron absorber toda la educación, especialmente al comenzar a formalizarse los programas de educación no formal; esto es, procesos sistemáticos y estructurados con intencionalidad educativa, pero que no se desarrollaban dentro de los sistemas educativos legalmente contemplados, dado que surgían precisamente para dar respuesta a necesidades no cubiertas por estos sistemas.

A lo largo de toda la historia de la educación se han dado estas tres modalidades de educación, o tal vez debiéramos decir que los procesos de educación formal son los más recientes.

Podemos definir la educación formal como *"el sistema educativo altamente institucionalizado, cronológicamente graduado y jerárquicamente estructurado que se extiende desde los primeros años de la escuela primaria hasta los últimos años de la Universidad"*, que tuvo sus antecedentes en diversos procesos de lo que hoy llamaríamos educación no formal. Sólo en la medida en que la institucionalización y formalización se fue desarrollando y extendiendo a los diferentes niveles, desde la Universidad a la enseñanza obligatoria[5] (Coombs y Ahmed, 1975: 27, citado en Sarramona, Vázquez y Colom, 1998)' se hizo necesario poner de relevancia la existencia de otros procesos educativos que continuaban siendo necesarios a pesar del surgimiento de la educación formal.

La educación formal, según estos mismos autores, se puede definir como una *"actividad organizada, sistemática, educativa, realizada fuera del marco del sistema oficial, para facilitar determinadas clases de aprendizaje a subgrupos particulares de la población, tanto adultos como niños"*.

La educación informal, por su parte, es entendida como *"proceso que dura toda la vida y en el que las personas adquieren y acumulan conocimientos, habilidades, actitudes y modos de*

---

[5] El primer sistema educativo formalizado en nuestro entorno cultural no fue la enseñanza primaria, sino la Universidad. El aprendizaje de los oficios en los gremios tenía también un grado alto de estructuración, pero probablemente aún lo continuaríamos clasificando como educación no formal, dada su vinculación al mundo laboral, menos exclusivamente educativa. La educación básica no se estructuró propiamente como educación formal hasta que no se instauraron los sistemas nacionales de educación, ya en el siglo XIX.

discernimiento mediante las experiencias diarias y su relación con el medio ambiente" (idem). Esta educación informal ha existido obviamente durante toda la historia de la humanidad.

Vázquez (1998) sitúa cuatro criterios para delimitar estos tres conceptos: duración, universalidad, institucionalización y estructuración. La educación formal sería aquella que tiene una duración limitada, es universal dentro de algunos niveles y tiene el mayor grado de institucionalización y estructuración. La educación no formal comparte con la educación formal el alto grado de estructuración, la duración limitada y su orientación específica a sectores determinados; la educación informal, por su parte, tendría el mayor grado de universalidad y duración (afecta a todas las personas toda la vida) y el menor grado de institucionalización y estructuración.

2   CÓMO APRENDEMOS

Educación y aprendizaje son términos correlativos. La educación es un proceso complejo en el que intervienen gran cantidad de variables. Uno de los más relevantes es el proceso de aprendizaje, el proceso por el cual asimilamos lo que recibimos en la educación. Si el ser humano nace con pocas pautas de conducta, pero con una gran capacidad de aprender, será posible analizar cómo se produce ese aprendizaje, y es de esperar que exista una especie de «instinto de aprendizaje» que suple la falta de conductas instintivas de supervivencia y desarrollo. Así que la psicología ha intentado desde diversas perspectivas descubrir y analizar esos principios del aprendizaje, entendiendo éste como "procesos de cambio que surgen como resultado de la experiencia"[6].

Sin embargo, aun siendo un tema de absoluta relevancia el que vamos a tocar aquí, es preciso tener en cuenta que no es posible una mera trasposición de los principios de aprendizaje a la educación de forma mecanicista. En primer lugar, porque no es posible «aislar», al modelo de las ciencias físicas, los principios de aprendizaje del propio aprendizaje. Esto es, sólo aproximadamente podemos analizar científicamente la existencia de unos principios más o menos universales, porque siempre están desarrollados a través de aprendizaje, y si buscamos los elementos constitutivos, encontramos que son tan básicos que no nos aportan casi nada. En segundo lugar, porque los principios de aprendizaje no son sólo individuales, sino sociales. El contexto es tan relevante como el propio individuo. Y, en tercer lugar, porque existe una variable propiamente didáctica, o pedagógica, ya que la educación es un proceso de interacción.

Así, siendo aprendizaje y educación términos correlativos, no se puede reducir la educación al aprendizaje. Hecha esta salvedad, vamos a insertarnos en el campo de la psicología de la educación y a señalar algunas teorías de aprendizaje que nos pueden ser de utilidad.

2.1   *APRENDEMOS EN UN PROCESO ORDENADO: LA EPISTEMOLOGÍA GENÉTICA DE J. PIAGET*

Durante mucho tiempo, una de las teorías que mayor influencia tuvo en los ámbitos educativos fue la teoría genética de Piaget. Jean Piaget era un biólogo de profesión, que se introdujo en la psicología con el fin de estudiar cuestiones epistemológicas en los años 20.

---

[6] Mazur, 1986, citado en Coll, Marchesi y Palacios, Desarrollo psicológico y educación II. Psicología de la religión.

En pleno contexto conductista, su orientación fue radicalmente diferente, así como su método de trabajo, que se basó inicialmente en la observación del desarrollo de sus propios hijos.

Piaget define su disciplina como la que estudia los mecanismos y procesos por los cuales se pasa de "los estados de menor conocimiento a los estados de conocimiento más avanzados", siendo el criterio de conocimiento avanzado el conocimiento científico (Coll y Martí, 1990:122, citando a Piaget). Para Piaget, la inteligencia es un proceso de adaptación entre el organismo y su entorno. El proceso de aprendizaje es más bien un proceso de desarrollo del organismo, pero este desarrollo no se da sin la interacción con el ambiente. Se opone así tanto a las tesis maduracionistas o hereditarias como a las empiristas o ambientalistas. El aprendizaje debe acompañar al desarrollo, al proceso madurativo, y no adelantarse a él. Lo que el individuo no está en condiciones de asimilar, simplemente, no lo acogerá.

Para Piaget, este proceso se da por medio de algunos mecanismos:

- Los esquemas (de acción o conceptuales) son la forma de relacionarse y de interpretar el mundo.

- Las estructuras son las formas lógico-matemáticas de organización de los esquemas.

- Los estadios son los períodos de desarrollo del pensamiento correspondientes a una etapa, que se caracterizan por unas determinadas estructuras.

- El ser humano busca el equilibrio entre su pensamiento y el entorno. Este equilibrio es el que define cada uno de los estadios y la ruptura de este equilibrio, que se da por la maduración interna del sujeto y por la experiencia.

- Los procesos de adaptación, acomodación y asimilación son los mecanismos por los que el individuo adquiere un nuevo estadio de equilibrio cognitivo una vez que la experiencia y la maduración le han hecho descubrir el anterior como insuficiente.

La incidencia de la teoría genética del aprendizaje ha sido muy importante en la educación, hasta el punto de que se ha pretendido adaptar los programas de estudio a los estadios descritos. El gran aporte de esta teoría ha sido el de subrayar la actividad del sujeto, constructor de su propio conocimiento. Frente a las teorías ambientalistas o maduracionistas puras, herederas de la polémica herencia/ambiente, que prácticamente anulaban al sujeto como agente de su propio desarrollo dejándolo reducido a su propio desarrollo biológico o a la influencia del ambiente, la teoría de Piaget es interaccionista y permite que emerja la persona como sujeto de aprendizaje.

Sin embargo, la aplicación simple y directa de la teoría genética al aprendizaje y la educación tiene varios límites. Por una parte, la duración de los estadios es meramente orientativa y variable. Por otra, las categorías que usa para formalizar los estadios son cuestionables: diversos estudios han presentado serios interrogantes, por ejemplo, al planteamiento de que los niños del período lógico-concreto no sean capaces de realizar operaciones formales. Por último, los estadios hablan de estructuras madurativas muy generales que no incluyen muchos de los contenidos del aprendizaje escolar, por lo que una trasposición directa tiene escaso sentido.

La aplicación directa de la epistemología genética a la educación en muchas ocasiones ha generado una práctica educativa pasiva, donde se limita la acción del educador a colocar al educando en «ambientes de aprendizaje». Probablemente esto se deba más a una aplicación errónea que a la propia teoría. Sin embargo, hay otras perspectivas que ayudan a comprender de una forma más activa el papel del/la educador/a.

2.2   *APRENDEMOS A TRAVÉS DE REFUERZOS: LA TEORÍA CONDUCTISTA*

La teoría conductista tuvo durante mucho tiempo el patrimonio de la teoría del aprendizaje. De hecho, fueron los primeros que estudiaron el tema del aprendizaje.

El contexto en el que surge la psicología conductista tiene mucho que ver con sus planteamientos. El surgimiento de la psicología científica se suele situar con Wundt, en el s. XIX. Los primeros análisis psicológicos se caracterizaban por la introspección: el intento de conocer la mente humana a través de la reflexión sobre la misma. Estos intentos llegaron pronto a un callejón sin salida, al no ser validables según el método científico ni contrastables con otros investigadores.

Ante esta dificultad, el planteamiento conductista se centró en observar las «conductas». Ante la imposibilidad científica de acceder a lo que sucede dentro de la mente humana, hemos de considerarla una «caja negra» a la que no tenemos acceso. Sin embargo, sí podemos saber y observar científicamente qué es lo que «entra» y lo que «sale» de la caja: las conductas. Es injusta la acusación que se hace a la escuela conductista de considerar que no hay nada dentro del ser humano. Su planteamiento no es ese, sino que no tenemos medios para conocer qué es lo que hay en él de forma directa. Sin embargo, es cierto que este planteamiento les obligó a considerar el ser humano en términos mecanicistas:

«input» y «output» El funcionamiento de la «aja negra» sólo es accesible mediante lo observable.

Y lo observable del ser humano son sus conductas. Podemos observar lo que incide en el ser humano y lo que sale de él, medido en términos de comportamiento. No podemos conocer realmente sus pensamientos, sino su conducta verbal. Y, desde un punto de vista científico, es necesario referirnos exclusivamente a comportamientos, ya que no es posible acceder a lo que el sujeto piensa, sino únicamente a lo que dice, o a su conducta no verbal, o a sus acciones.

El análisis experimental del comportamiento tiene su origen en los hallazgos de Pavlov. Lo que Pavlov demuestra es que incluso un comportamiento de naturaleza fundamentalmente psicológica, como la salivación, la secreción hormonal y otros comportamientos llamados involuntarios y que parecían regularse exclusivamente por mecanismos fisiológicos, podían, en los animales superiores y en el hombre, llegar a estar controlados por aspectos ambientales dispares. El experimento inicial de Pavlov consistió en medir el grado de salivación en un perro al presentársele la comida. Posteriormente, al tiempo de presentársele la comida se hacía sonar un silbato. El perro llegó a salivar únicamente con el sonido del silbato.

Este es el esquema del **condicionamiento clásico**. Un **estímulo incondicionado** provoca una **respuesta incondicionada**. La presentación simultánea del **estímulo incondicionado** con otro estímulo (que se denomina **estímulo condicionado**) conduce a que la respuesta se asocie al estímulo condicionado, pasando entonces a llamarse **respuesta condicionada**.

El *condicionamiento operante* indica que una respuesta queda fortalecida o debilitada debido a la presencia o retirada contingentes de determinadas consecuencias. Estas consecuencias son los **reforzadores**, que pueden ser positivos o negativos. Si la respuesta queda fortalecida, los procesos se denominan de **reforzamiento positivo** o **negativo**, si queda debilitada, se denominan **castigo** por **presentación** o **retirada**. Si la respuesta se debilita o desaparece por ausencia de consecuencias, el proceso se denomina de **extinción**.

Procedimientos

	Presentación	*Retirada*
Reforzadores positivos	(Fortalece respuesta) REFORZAMIENTO POSITIVO	(Debilita respuesta) CASTIGO POR RETIRADA
Reforzadores negativos	(Debilita respuesta) CASTIGO POR PRESENTACIÓN	(Fortalece respuesta) REFORZAMIENTO NEGATIVO
No hay consecuencias	(Debilita respuesta) EXTINCIÓN	

(Tipo de consecuencias)

La *discriminación* es el proceso por el que las personas atribuyen a determinadas parcelas del entorno un valor significativo, por el que responden a unos estímulos y no a otros.

La *generalización* es el proceso por el que las personas aprenden a responder de forma similar a situaciones similares.

2.3 A TRAVÉS DE MEDIACIONES: LA TEORÍA DE VYGOTSKI

Vygostski es un psicólogo ruso que desarrolló su trabajo en los años 40, cuya teoría se ha difundido en las últimas décadas y que abre una nueva perspectiva al análisis de la relación entre aprendizaje y desarrollo. Mientras que para Piaget el aprendizaje «ayuda» al desarrollo, Vygotski señala que el aprendizaje «tira» del desarrollo y lo provoca.

Probablemente lo que permite a Vygotski desarrollar esta nueva perspectiva es que parte de un modelo psicológico de hombre que se toma realmente en serio la educación, superando la concepción de que ésta tiene un papel meramente accesorio o superpuesto al desarrollo humano. Para Vygotski, el desarrollo de las características que asumimos como «propiamente humanas» no está garantizado en el código genético (aunque éste sea la base que lo posibilita), sino que se lleva a cabo mediante el proceso social de la educación (Álvarez y del Río, 1990:93-94). Vygotski diferencia dos tipos de «funciones psicológicas»:

- Las funciones psicológicas naturales, compartidas por el ser humano con los animales, fruto de la evolución meramente biológica.

- Las funciones psicológicas superiores, propias del ser humano, cualitativamente distintas a las anteriores, que predominan en el ser humano y dominan a las funciones psicológicas naturales y que son fruto del desarrollo cultural.

Este desarrollo de las funciones psicológicas superiores se da a través del aprendizaje, por medio de diferentes mecanismos.

- **La mediación instrumental o simbólica.** El ser humano utiliza «instrumentos», objetos, apoyos externos que le permiten escapar de la dictadura del aquí y el ahora a través de un proceso de reproducción simbólica que le permite utilizar su memoria e inteligencia. Instrumentos psicológicos son, así, el nudo del pañuelo que utilizamos para recordar, la moneda, la agenda, el semáforo, y, sobre todo, los sistemas de signos, entre los que ocupa un lugar muy destacado el lenguaje, principal mediación instrumental para el ser humano.

- **La mediación social** es aún más importante que la mediación instrumental. La mediación instrumental interpersonal, o mediación social, es lo que construye el proceso de mediación que posteriormente el individuo utilizará como actividad individual. Según Vygotski, en el desarrollo del/a niño/a *"toda función aparece dos veces: primero a nivel social y, más tarde, a nivel individual; primero entre personas – interpsicológica – y después en el interior del propio niño – intrapsicológica-. (…) Todas las funciones superiores se originan como relaciones entre seres humanos"* (Vygotski, 93-94) Esto supone que el/la niño/a tiene, en primer lugar, una inteligencia y una conciencia "prestadas" por el adulto, que construyen paulatinamente su mente. Las funciones psicológicas superiores son sociales y compartidas. El mecanismo de ayuda social, provocado por la incapacidad individual, se constituye en lo central del hecho humano.

El aprendizaje se produce partiendo de la **Zona de Desarrollo Actual**, esto es, lo que la persona puede hacer de forma autónoma, hacia la **Zona de Desarrollo Próximo** (o Potencial), un concepto introducido por Vygotski que nos permite comprender cómo el aprendizaje tira del desarrollo y lo provoca. Existe una diferencia entre lo que la persona puede hacer sin ayuda y lo que puede hacer ayudado por otros (a través de la mediación social). Esta diferencia conforma la Zona de Desarrollo Próximo, que va aumentando a medida que aumenta la Zona de Desarrollo Actual, pero que es también original y distinta en cada persona. Dos niñxs pueden tener la misma Edad Mental en un test, o el mismo C.I. sin embargo, puede haber diferencias en lo que estxs dos niñxs son capaces de hacer con ayuda de una persona adulta. Esto significa que hay diferencias en la Zona de Desarrollo Próximo, esto es, en la capacidad de aprendizaje. La tarea de la educación será, por tanto, trabajar la Zona de Desarrollo Próximo a fin de aumentarla y, simultáneamente, ir aumentando la Zona de Desarrollo Actual, dicho en forma muy sintética.

Esta concepción de la educación y del desarrollo humano tiene una amplia potencialidad educativa, aún no suficientemente explorada. Por una parte, el papel del/la educador/a y de la actividad social adquiere una gran relevancia. Por otra, nos sitúa ante un modelo de ser humano eminentemente social y relacional. Abre, asimismo, un gran espacio al crecimiento individual y al aprendizaje a través de esta relación social. Y ofrece pistas concretas para construir métodos de aprendizaje que trabajen en la Zona de Desarrollo Próximo.

2.4 *APRENDEMOS A TRAVÉS DE MODELOS: LA TEORÍA DEL APRENDIZAJE SOCIAL DE A. BANDURA*

Albert Bandura, partiendo de la teoría conductista, desarrolló la Teoría del Aprendizaje Social. El ser humano no aprende sólo por experimentación y a través de los refuerzos positivos o negativos que recibe de su propia conducta, sino que la mayor parte del aprendizaje se da por la observación de modelos que reciben, a su vez, refuerzos positivos o negativos. Esto supone una capacidad de simbolización, representación interna y control cognitivo que desborda los límites de la teoría conductista.

Este aprendizaje por observación es especialmente relevante para el aprendizaje de valores y actitudes. Señalaremos únicamente algunos conceptos claves:

Los **modelos** son las personas en cuya conducta (incluyendo sus antecedentes, esto es, las razones por las que actúan, el contexto, la motivación, etc y sus consecuencias) nos fijamos para regular nuestra propia conducta. Todos somos, en ese sentido, modelos para los demás, si bien hay algunos modelos que resultan más eficaces, esto es, cuya actuación tiene más influencia en la persona. Los factores que facilitan la eficacia del modelo son:

- Que el modelo tenga una proximidad física, relacional, de encuentro, con la persona, de forma que esta pueda observar su conducta de forma directa.

- Que esta cercanía y relación se mantenga a lo largo del tiempo. Por estas dos condiciones, los modelos inmediatos y cercanos son más eficaces que los que se transmiten por los medios de comunicación u otros más lejanos.

- Que resulten atractivos para la persona, esto es, que la conducta de los modelos y sus consecuencias resulte deseable. Hay que tener en cuenta que la «deseabilidad» depende no sólo del éxito objetivo, sino de la propia lectura que el modelo hace de su conducta, esto es, de su grado de satisfacción consigo mismo.

- Los modelos más eficaces son aquellos cuya conducta se considera imitable con un cierto esfuerzo asequible. Esto es, un modelo excesivamente ideal no se imitará, porque se considera inalcanzable. De la misma manera, un modelo cuya imitación no suponga ningún desafío o crecimiento tampoco se imitará, ya que carecería de objeto.

- Si bien no está documentado – dada la "naturalización" del aprendizaje sexista – parece evidente que el modelado es más eficaz entre personas del mismo sexo; esto es, las niñas tienden a aprender de modelos femeninos y los niños de los modelos masculinos. Esto se puede explicar simplemente por la "distancia óptima" (criterio anterior): es fácil que exista una percepción clara de que los modelos del otro sexo están fuera del alcance y, por tanto, su eficacia se desactive en alto grado.

Evidentemente, son modelos naturales y de suma eficacia los padres y los/as hermanos/as mayores, pero también los/as compañeros/as, monitores/as, vecinos/as, profesores/as... las personas que se encuentran en el entorno cercano y que pueden ofrecer desafíos de crecimiento.

Las personas aprenden a través de los refuerzos positivos y negativos que reciben los modelos (reforzamiento vicario). Sin embargo, al igual que en reforzamiento directo, el castigo vicario es poco eficaz, ya que es posible que la persona que observa el castigo aprenda más a evitar las consecuencias negativas de la conducta que la propia conducta, si ésta le sigue reportando otros beneficios. De ahí la limitada eficacia de los «castigos ejemplares».

La **atribución causal** son los razonamientos que la persona utiliza para comprender las consecuencias de la conducta de los modelos y de la propia conducta. Se aprende también por observación y se interioriza a través de diversos mecanismos. Las personas tendemos a atribuir los fracasos a causas externas para liberarnos de ellos, y atribuir los éxitos a la propia capacidad o mérito. Los procesos de atribución causal también se aprenden. Una atribución causal realista permite el crecimiento personal, aprendiendo a reconocer los propios límites y las posibilidades y favoreciendo un adecuado autoconcepto. Una atribución causal distorsionada puede dificultar el desarrollo y crecimiento de la persona e incluso provocar trastornos en la personalidad. Varios estudios inciden en la existencia de atribuciones causales diferentes entre mujeres y hombres, tendiendo a una atribución causal con mayor capacidad de reforzar la autoestima en los hombres y una atribución causal más culpabilizadora de los fracasos y aleatoria de los éxitos, que tiende a debilitar la autoestima, en las mujeres.

En 1951, en pleno auge conductista, John Bowlby, psiquiatra y psicoanalista, a petición de la Organización de las Naciones Unidas, escribió *Maternal Care and Mental Health*, llamando la atención sobre la necesidad de recibir afecto para el desarrollo de una personalidad sana. Del trabajo posterior surgió la Teoría del Apego.

La apertura a la relación social de los seres humanos se realiza inicialmente, como en otras especies, a través del **apego**. El apego es un vínculo afectivo que una persona (niño, adolescente o adulto) establece con algunas personas llamadas figuras de apego y que constituye un lazo emocional que impulsa a buscar la proximidad y el contacto con las personas a las que se apega. Este vínculo se establece en la familia. Tiene una función de supervivencia que es similar a la que cumple en otras especies: favorecer la proximidad y el contacto entre las crías y los progenitores o las figuras que hagan su función y que permiten la supervivencia de la cría. Y tiene una función propia (o al menos de mayor relevancia) en los seres humanos, que es la de proporcionar seguridad emocional.

Mientras que en las especies animales el vínculo de apego está limitado al período de crianza, en los seres humanos se prolonga y se continúa estableciendo, si bien de diferentes maneras, a lo largo de toda la vida.

Si bien las figuras de apego suelen ser los padres[7], en el ser humano es perfectamente posible que otras personas cumplan esa función y desarrollen ese vínculo. Normalmente lo hacen también los abuelos, otros familiares... Tampoco está limitado el número de figuras de apego posibles: una mayor riqueza en figuras de apego facilitará una mayor capacidad de establecer relaciones ricas y variadas (Schaffer, 1981). Lo realmente necesario para el desarrollo de la afectividad y la maduración de la personalidad es que existan figuras de apego que proporcionen la seguridad necesaria para el desarrollo: en muchas ocasiones los abuelos suplen esta función.

La forma en la que las figuras de apego realicen su función tendrá una gran incidencia en el desarrollo de la personalidad y la maduración afectiva. Los seres humanos desarrollamos una actitud vital y afectiva de seguridad o inseguridad básica ante la vida en base a la experiencia de relación con las figuras de apego. La experiencia de ser querido

---

[7] Bowlby planteaba que debía ser la madre y de manera permanente y exclusiva, pero esta perspectiva ya ha sido sobradamente refutada.

incondicionalmente y de contar con apoyo y protección es la que nos permite posteriormente abrirnos a la vida y, paradójicamente, ser capaces de ser autónomos. Cuando una persona no experimenta e interioriza esa incondicionalidad necesitará imperiosamente buscar seguridades afectivas (estableciendo muchas veces relaciones inmaduras) y, simultáneamente, tendrá serias dificultades para asumir compromisos relacionales maduros. Estas experiencias básicas tendrán una gran incidencia en la autoestima, la asertividad y la capacidad de relación.

2.6 *APRENDEMOS A TRAVÉS DEL DIÁLOGO: APRENDIZAJE LIBERADOR DE* P. *FREIRE*

Una de las reivindicaciones de la Escuela Nueva fue que el/la niño/a no era "una persona adulta pequeña", sino que tenía características propias y que no se le podían aplicar sin más los métodos que se aplicaban con las personas adultas. A la inversa, a las personas adultas se les aplicó durante mucho tiempo los métodos de enseñanza que se utilizaban con los niños/as, especialmente en los procesos de alfabetización, con un alto grado de fracaso. Se atribuía ese fracaso a que las personas adultas ya habían pasado la edad idónea para aprender. En realidad, en ese momento se estaba considerando a las personas adultas, a efectos del aprendizaje, como "niños/as grandes", y se esperaba que aprendieran de la misma manera que los/as niños/as.

Es en este contexto en el pedagogo brasileño Paulo Freire hace notar que las personas adultas no son simplemente niños/as grandes; sino que cuentan con todo un bagaje de conocimientos del que, lógicamente, carecen los/as niños/as y que ignorarlo en el proceso de alfabetización provocaba el fracaso de ese proceso. Comprendiendo y proponiendo la educación como proceso de liberación, consideró a los adultos como sujetos capaces de aprender y de utilizar la educación y el conocimiento como instrumento para su desarrollo y liberación personal y social, sin detenerse a "discutir" sus capacidades. P. Freire trabajó con los adultos con métodos propios, alejándose del modelo escolar y aprovechando las características propias de los adultos, ese bagaje de conocimientos previos, como punto de apoyo para la educación. Su método tuvo un enorme éxito en procesos masivos de alfabetización en diferentes países.

Tal vez el punto central de la pedagogía de Freire, que ha permitido un giro importante en los programas de educación de adultos, es el diálogo[8] como medio principal de aprendizaje

---

[8] Freire no es el único que llama la atención sobre la centralidad del diálogo como instrumento educativo, aunque esto se convierta en un punto central en su planteamiento pedagógico. Aunque a pie de página, queremos citar también la relevancia de otros autores, no necesariamente pedagogos, en el descubrimiento

(Medina, 2000:106). Considerar el diálogo como herramienta central del aprendizaje (un diálogo igualitario, transformador, reflexivo, solidario[9]) supone "otra mirada" a los adultos, otros presupuestos; supone, en primer lugar, la consideración del adulto como alguien que tiene algo que decir y que aportar.

El punto de partida de Freire es cuál es el horizonte y el sentido de la educación en un mundo desigualmente distribuido, donde no solo la riqueza está escandalosamente concentrada en unos pocos, dejando a la inmensa mayoría de la población en condiciones de supervivencia o por debajo de éstas, sino que también las herramientas culturales, que son riqueza en tanto en cuanto nos permiten incidir en el mundo, están acaparadas por las clases dominantes de la sociedad, que las distribuye en función de sus intereses a la mayoría oprimida. Freire escribe desde América Latina, un continente rico, pero lastrado por una distribución escandalosamente desigual de la riqueza. La educación, en este contexto, puede servir como instrumento de domesticación, perpetuando y reforzando, no sólo a través de sus contenidos, sino especialmente de sus métodos, actitudes de conformismo, resignación y opresión, haciendo que los propios oprimidos incorporen personalmente el esquema dominante; o como instrumento de liberación, a través de la concienciación y la asunción protagonista y creativa por parte de los educandos.

Freire, reconociendo y poniendo de manifiesto la carga histórica de la educación como domesticación, se aleja de planteamientos deterministas al considerar que esta forma de educar no es constitutiva del hecho educativo, sino una opción posible entre otras, y que de la misma manera, existe la posibilidad de plantear la educación como liberación. El hecho educativo lleva en sí mismo tanto la posibilidad de ser instrumentado como herramienta domesticadora como la de convertirse en germen de procesos liberadores, en el sentido de favorecer la autonomía de los educandos. En sí, el hecho de posibilitar que personas se apropien de herramientas de conocimiento y transformación del mundo, inscrito en el hecho educativo, es un proceso liberador, aunque este proceso liberador pueda resultar pervertido cuando se plantea como una intervención vertical e impositiva. Freire define esta educación domesticadora como "educación bancaria", opuesta a la educación liberadora.

---

del diálogo como instrumento educativo. Mencionaremos únicamente la teoría de la competencia comunicativa de Habermas como teoría capaz de ofrecer una estructura explicativa del papel del diálogo en el aprendizaje.

[9] Medina (2000) citando a Flecha (1977: 107-108)

El quicio que hace que un proceso educativo se decante en uno u otro sentido es la consideración de los/as educadores/as y de los/as educandos/as, que se afirma en una perspectiva antropológica. Desde la perspectiva de la educación bancaria, los roles de los/as educadores/as y educandos/as están claramente delimitados: la persona que educa es "la que sabe" y la persona educada es "la que no sabe". En la educación bancaria, el/la educando/a se considera un depósito vacío, en la que el/la educador/a va depositando el saber como quien deposita activos en un banco. El/la educando/a no tiene ningún papel activo en la construcción del conocimiento. Es más, si previamente hay algo en el depósito que se considera el/la educando/a, es preciso eliminarlo para dejar sitio a los nuevos saberes que el educador va a depositar en él o ella. La metodología que se extrae de esta concepción, por lo tanto, reforzará en el/la educando/a su conciencia de que lo que sabe es erróneo, anulando su autoestima y tenderá a convertirlo/a en un depósito sumiso y acrítico ante todo aquello que el educador, "que sabe", tenga a bien otorgarle. La clase magistral, el aprendizaje abstracto y desvinculado de la vida, que aparece como un desafío inalcanzable, la implantación de normas estrictas y a menudo absurdas, son instrumentos metodológicos muy apropiados para reafirmar esa conciencia de inferioridad que, a su vez, se traduce en una gran dificultad por parte de los colectivos más desfavorecidos de acceder a un conocimiento que se les presenta como absolutamente ajeno a sus vidas y su experiencia.

Por el contrario, una educación liberadora sólo puede partir de la consideración de que tanto educadores/as como educandos/as son sujetos activos, con conocimientos, experiencias y criterios; y que el proceso educativo es un acto dinámico en el que todas las personas resultan transformadas, tanto educadores/as como educandos/as. La frase de Freire que probablemente define con más claridad este concepto es la siguiente: *"Nadie educa a nadie, así como nadie se educa a sí mismo, los hombres se educan en comunión, mediatizados por el mundo"* (Freire, 1985:90). El ser humano es un ser social, y necesita de otros seres humanos para desarrollarse. El conocimiento es siempre el resultado de un proceso de relación y diálogo donde se va construyendo el saber; un proceso en el que todos tienen algo que aportar, porque la experiencia vital de cada ser humano es original e irreductible. Una educación planteada desde este presupuesto será, por tanto, infinitamente respetuosa con los conocimientos previos de cada uno (incluso de los niños o de los considerados incultos), privilegiará la crítica, la originalidad, la personalización del aprendizaje y la vinculación a la vida personal y social; y utilizará metodologías que estimulen la búsqueda conjunta, privilegiando el diálogo.

En esta perspectiva, los roles de educador/a y educando/a se intercambian frecuentemente. Una educación liberadora sólo se puede llevar a cabo si el educador o educadora está dispuesto/a a situarse como educando/a, y da la oportunidad a los/as educandos/as de que, a su vez, participen del rol de educadores/as. Como hemos señalado, parte de una consideración antropológica de que todo ser humano es irreductible y original y tiene algo único que aportar a la construcción común del conocimiento y al desarrollo social. La pedagogía liberadora, por lo tanto, se esforzará por facilitar que todos los participantes tengan oportunidad y estímulo para aportar lo que sólo ellos pueden aportar y acoger los aportes de los otros. El aprendizaje principal, en esta perspectiva, es precisamente (en palabras de otras perspectivas psicológicas y educativas) aprender a aprender; adquirir las habilidades para incorporarse activamente al proceso social de construcción del conocimiento y transformación del mundo.

En ese proceso educativo, para Freire juega un papel fundamental la palabra. La palabra es el instrumento simbólico a través del cual los seres humanos aprehendemos el mundo y lo dominamos. Si esto ya es así con la palabra hablada, aún más con la palabra escrita y leída, que nos permite tomar la distancia necesaria para mirar la realidad con perspectiva, posicionarse ante ella e intervenir en ella.

Los seres humanos vivimos en un mundo de objetos, pero, aún más, vivimos en un mundo de lenguaje. El lenguaje es el instrumento principal de la interacción entre los seres humanos a través del que nos relacionamos entre nosotros y con el mundo. De ahí la importancia que da Freire a la alfabetización, no tanto en cuanto herramienta utilitaria para la capacitación de las personas para ejecutar tareas cuanto un proceso que modifica y enriquece las relaciones de la persona con el mundo y su capacidad de tomar conciencia de su propia realidad y de la realidad que la rodea y, a partir de ahí, poder intervenir de forma activa en su transformación.

Por eso el elemento central del método concreto de alfabetización de Freire es la palabra generadora. Se trata no sólo de aprender a leer, sino, sobre todo, de aprender a leer la realidad (Freire: 1993), situando a los educandos frente a la palabra, aprendiendo a descortezarla, a leerla desde la vida y a apropiarse de ella para poder formular una experiencia existente que, por falta de palabras, queda encerrada en la persona e incapaz de transformar la realidad. Dominar las palabras y ser capaz de poner palabra a lo vivido es el primer paso para transformar la realidad, porque de la experiencia y la vivencia formulada se extraen conclusiones que se transforman en actos. La realidad formulada puede ser problematizada y, a partir de ahí, se abren infinitas posibilidades. Sin ese paso por la palabra, instrumento simbólico de dominio de la realidad, queda muy limitada la posibilidad de actuación consciente y crítica ante la realidad. Hay en Freire una dinámica experiencia-palabra-acción a través de la cual los seres humanos transformamos el mundo.

Cuando privamos a las personas de la palabra bloqueamos su capacidad de convertirse en agentes transformadores del mundo.

Desde esta perspectiva, el lenguaje guarda una gran relación con el poder, es un instrumento de poder. El poder no es tampoco una realidad intrínsecamente mala, sino una capacidad de hacer, intervenir, transformar. Puede ser perverso cuando se utiliza para impedir a otros ser, vivir o actuar. Pero el objetivo de una educación liberadora será, precisamente, dotar de poder a todas las personas, de modo que éste no sea utilizado para impedir el crecimiento y la vida de los otros en propio beneficio, sino para construir juntos un mundo donde todos podamos vivir en plenitud.

3 LA CONSTRUCCIÓN DE LA IDENTIDAD DE GÉNERO

3.1 *LA IDENTIDAD PERSONAL*

La identidad es uno de esos conceptos que todos conocemos y utilizamos coloquialmente, pero que son difíciles de definir. La psicología, la antropología, la filosofía han dado distintas respuestas a la cuestión de la identidad desde diferentes perspectivas y escuelas. ¿Existe algo que llamamos "yo"? ¿Qué es? ¿Qué es lo central de la identidad? ¿Cómo podemos definirnos los seres humanos? A estas preguntas se ha respondido de muchas maneras: desde la atribución de un "alma" o un espíritu que condensaría la esencia de la identidad hasta la afirmación de que no existe un "yo", una identidad, sino muchos "yoes", muchas identidades que dependen fundamentalmente del contexto.

Sin embargo, no se puede negar de la existencia de una percepción humana de unicidad personal con conciencia propia y continuidad en el tiempo a lo que llamamos "ser yo", "identidad". Esta percepción se da en todos los seres humanos, y se da aun cuando nuestra forma de ser y reaccionar se manifieste de maneras muy diferentes en distintos contextos, hasta el punto de que necesitamos justificar y explicarnos a nosotras/os mismas/os estas diferencias. Afirmamos "yo soy..." y cuando caemos en la cuenta o se nos hace caer en la cuenta de que en una situación concreta hemos actuado de una manera diferente, rápidamente esbozamos explicaciones a esta anomalía que cuestiona la imagen que tenemos de nosotras/os mismas/os. Desde este punto de vista, A. Blasi define la identidad como la *"experiencia subjetiva de un yo más profundo, nuclear, esencial, que proporciona un sentido personal de unidad personal y de individualidad, así como dirección para la propia vida"* (Blasi, 2005: 23). Esta definición nos puede resultar funcional para abordar la cuestión de la identidad de género y cómo se asume en el contexto de formación de la identidad.

A pesar de la conciencia de estabilidad y existencia objetiva que nos da, precisamente, la identidad, la formación de la identidad es un proceso complejo y dinámico, influida por el contexto y en permanente evolución. La identidad se define por las características más estables que descubrimos en nosotras/os mismas/os; por eso, cuanto más compleja es nuestra vida más difícil nos resulta descubrir qué es lo "propio" nuestro, aquello que constituye el núcleo de nuestra identidad. Las personas que se encuentran en culturas con valores muy estables y compartidos, así como con menor movilidad social, se encuentran con menos dificultades para definir su identidad; o, al menos, pueden identificarla con facilidad con su profesión, sus valores y circunstancias, ya que éstas se modifican poco a lo largo de la vida. Para las personas que vivimos en sociedades complejas y con los valores en evolución la tarea es un poco más ardua.

Siguiendo al A. Blasi (2005), podemos considerar la identidad como el resultado de un proceso siempre dinámico en el que vinculamos la experiencia subjetiva de "yo" a unas características personales, valores y opciones que elegimos como definitorias de nosotras/os mismas/os, que están jerarquizadas (unas son más centrales, más relevantes, más fuertes, y otras menos relevantes, más periféricas) y que están siempre en un equilibrio dinámico: evolucionan, pero lentamente y sólo en tanto en cuanto se van convirtiendo en periféricas pueden desaparecer sin provocar crisis. El cambio de una de las características que consideramos centrales de nuestra identidad no se produce nunca sin dificultad. Como señala Blasi (2005:24):

> Una persona no tiene identidad a menos que él o ella experimente y, al menos implícitamente, se reconozca con algunas características personales como más reales y verdaderas que otras, como más profundas, como el núcleo o la esencia del propio ser. Las otras características se sienten más superficiales, más prescindibles, y en conjunto menos importantes en el sentido del propio yo. (...) Una característica es importante, no por sus consecuencias o por lo que me aporta, sino exclusivamente porque me hace ser quien soy.

Esta identidad se forma desde la infancia y se reestructura de manera importante en la adolescencia, al pasar de una identidad heterónoma (dependiente de las personas adultas que me rodean) a una identidad autónoma. Se forma a partir de la información que me devuelve el entorno – respecto a quién y cómo soy – y se concreta a partir de elecciones: de entre toda la información que me devuelve el entorno priorizo aquella que me "recompensa" más, esto es, por la que el entorno, las personas que me rodean, me gratifica de una u otra forma, aunque sólo sea reconociéndome (el hecho de reconocer a alguien es ya un refuerzo, incluso aunque se le reconozca por alguna característica negativa).

En esta formación de la identidad, ser hombre o mujer, niño o niña es uno de los rasgos más centrales por los que el entorno nos reconoce, y, por lo tanto, se constituye en uno de los rasgos de identidad centrales, hasta el punto de que no es posible concebirse como persona sin identificarse con uno u otro sexo. La identidad sexual (soy persona mujer, soy persona hombre) está vinculada estrechamente a la identidad como ser humano, porque todas las culturas conocidas clasifican a los sere humanos en hombres o mujeres[10]. Y, cuanto más se

---

[10] La existencia de personas intersexuales cuestiona el modelo binario, haciéndonos tomar conciencia de la complejidad y variabilidad de la realidad sexual humana, pero no quita que en la experiencia y la clasificación básica de los seres humanos por sus características el sexo biológico percibido es uno de los más importantes criterios de clasificación.

extreme la diferencia de trato a niños y niñas, a varones y a mujeres, más fácil es que, incluso, la identificación como hombre o como mujer subsuma a la identidad como ser humano, esto es, tenga un peso más importante en la definición de la propia identidad que el hecho de ser persona.

3.2 *LA EDUCACIÓN, MECANISMO DE TRANSMISIÓN DEL MANDATO DE GÉNERO*

El género es una construcción social por la que se atribuyen determinadas características, comportamientos, tareas y roles (funciones) a los seres humanos según su sexo masculino o femenino. El género es, por lo tanto, un fenómeno social y cultural que se construye en torno al hecho biológico del sexo.

La identificación del género como concepto y categoría social permite nombrar la realidad de que muchas de las características que nuestra cultura atribuye a los hombres o a las mujeres no están directamente vinculadas al sexo biológico (como sí lo está, por ejemplo, el desarrollo de los órganos sexuales), sino al proceso de socialización vivido por los hombres y mujeres a través de la educación. En definición de G. Rubin (1986:114), *"el género es una división de los sexos socialmente impuesta"*. Y, como ella misma menciona, *"requiere represión: en los hombres, de cualquiera que sea la versión local de rasgos "femeninos"; en las mujeres, de la versión local de los rasgos "masculinos". La división de los sexos tiene el efecto de reprimir algunas de las características de personalidad de prácticamente todos, hombres y mujeres"* (Rubin, 1986:115)

En la construcción de la identidad personal, ese constructo que es el género asocia a la identidad sexual como hombre o como mujer una serie de atributos y reprime otros. A una niña se la nombra y se la reconoce como niña, y eso se incorpora en su identidad el hecho de ser mujer, pero, asociado a este reconocimiento de su existencia como niña, se le refuerzan socialmente los atributos considerados propios del género femenino y se le reprimen los considerados propios del género masculino. Lo mismo sucede con los niños. Esto favorece que esos atributos, rasgos, características, que son premiados, reforzados socialmente, se integren con mayor facilidad como características centrales de la identidad. Esto es: si a una niña se la premia sistemáticamente por sonreír, aprenderá que la sonrisa es un rasgo socialmente valorado, que la hace valiosa, y tenderá a elegir incluir en su identidad el hecho de ser una persona sonriente y amable; si a un niño se le premia sistemáticamente por ser activo, tenderá con mayor facilidad a incorporar eso a su identidad.

Claro que existen muchas más recompensas que las ofrecidas socialmente: hay experiencias que nos ofrecen refuerzo en sí mismas (aprender, el movimiento, descansar, comer), a cada persona de una manera diferente, y, además, hay tendencias y características personales, de temperamento, carácter e intereses, demasiado fuertes como para que desaparezcan por la falta de refuerzo del contexto. Tampoco todos los contextos son igual de impositivos respecto a los mandatos de género. Por eso las personas no somos sólo producto de los refuerzos contextuales, como creía Skinner, pero no somos en ningún caso inmunes a ellos ni nos desarrollamos sin ellos.

Podemos definir el **mandato de género** como la presión que ejerce la sociedad (el propio grupo de género y el otro grupo) para que una persona individual cumpla los roles y estereotipos correspondientes al género que se le ha asignado socialmente. Este mandato opera desde la infancia a través de todos los mecanismos educativos que se han señalado en esta unidad:

— A través del condicionamiento, reforzando de manera sutil o explícita el cumplimiento del mandato de género correspondiente y castigando, o ignorando (lo que favorece la extinción de la conducta) los comportamientos asignados al otro sexo. Tanto el refuerzo como el castigo más eficaz tiende a ser la aprobación o desaprobación de las personas de referencia, sin que sea necesario que esta aprobación o desaprobación sea explícita: basta una sonrisa, una mirada o un gesto.

— A través del modelado. En la medida en la que el hecho de ser hombre o mujer, niño o niña se coloca en el centro de nuestra identidad – porque soy reconocida/o y nombrada/o como tal –, mis modelos de referencia principales serán los de mi propio sexo, que, a su vez, tienen incorporado en su vida el mandato de género. Imitar los modelos del sexo opuesto, de hecho, será con más probabilidad castigado, e interpretado, por lo tanto, como un riesgo a la propia identidad en construcción.

— A través de la mediación social. Faltan estudios al respecto, pero de la observación cotidiana se puede inferir que hay una mayor tendencia a que las niñas realicen tareas o actividades con mujeres y los niños con los hombres de la familia: a las niñas se las invita a estar en la cocina con su madre, a jugar a las muñecas, a ocuparse de sus hermanos o a hacer tareas domésticas, a los niños los padres les llevan al fútbol o juegan con ellos al balón, o les dejan que les ayuden cuando cuelgan un cuadro o arreglan la luz. Esto supone un trabajo diferenciado en dos direcciones diferentes en la zona de desarrollo próximo de niños y niñas, estimulando desde la más temprana infancia habilidades diferentes en unas y otros.

La identidad de género, o la incorporación del mandato de género a la identidad personal, se configura, así, en la infancia a través de los diferentes mecanismos, procesos y ámbitos educativos propios de los seres humanos. La adolescencia es otro momento crucial en este proceso. La tarea principal de la adolescencia y la juventud es la reformulación de la propia identidad, que, hasta entonces, había sido una identidad dependiente del entorno familiar, para convertirse en una identidad autónoma, adulta: de ahí el gran interés por los adolescentes por la pregunta ¿cómo soy? ¿quién soy? ¿cómo me ves? En la medida en la que toda la identidad vivida como niño o niña entra en cuestión también entran en cuestión las características vinculadas al mandato de género.

En el momento de la adolescencia y juventud, el interés vital (biológico-hormonal) por la sexualidad y las relaciones afectivas, enormemente reforzado por el mandato social de encajar y obtener reconocimiento a través de las relaciones de pareja, funciona como un gran reforzador del mandato de género, en la medida en la que socialmente se presenta como incompatible rechazar características vinculadas al mandato de género y tener éxito en la tarea impuesta de ser aceptada/o como pareja por personas del otro sexo con prestigio; un prestigio, que, a su vez, socialmente se vincula a la adecuación al mandato de género. Esta presión es tan fuerte que se ha comprobado que las niñas con altas capacidades tienden a enmascararlas en la adolescencia, porque el hecho de ser "muy inteligente" entra en contradicción con su mandato de género y perciben que esta trasgresión será castigada con una mayor dificultad de encontrar pareja o de ser aceptadas por los chicos que desean como pareja.

Así pues, la centralidad de la búsqueda de la pareja en los medios de comunicación para adolescentes y jóvenes no es sólo expresión de los intereses de esta etapa de la vida, sino un fuerte mecanismo de presión para reforzar en este momento de crisis y reconfiguración de la identidad el mandato de género, tanto para chicos como para chicas, a través de la presentación de la pareja – preferentemente heterosexual – como un requisito imprescindible para la realización personal y la vinculación del éxito en el terreno afectivo a la incorporación rigurosa en la identidad personal de las características propias del mandato de género correspondiente a través de los modelos omnipresentes en estos medios.

Capítulo II - LA EDUCACIÓN COMO RECURSO PARA LA INTERVENCIÓN EN IGUALDAD

1 EDUCACIÓN Y SOCIEDAD

1.1 *EL DESARROLLO DE LA EDUCACIÓN FORMAL*

La educación ha existido siempre. El ser humano es un ser que aprende, y, como señala Freire, es este aprendizaje natural del ser humano el que genera la necesidad y la práctica de la educación. El proceso de formalización de la educación, sin embargo, es más reciente en la historia de la humanidad.

Los primeros antecedentes de educación formal en occidente los tenemos en los sofistas, educadores ambulantes que ayudaban al desarrollo del pensamiento a través del diálogo, en la misma línea que los maestros filosóficos orientales. En Grecia y Roma la educación formalizada dio un paso más a través de instituciones que se denominaban liceos y gimnasios, restringidos a la élite social. Todos estos sistemas incipientes de educación formal eran prioritariamente para varones, si bien había mujeres que participaban en ellos e incluso fueron maestras, tales como Hipatia de Alejandría.

En la misma línea de formación de las élites intelectuales se sitúan las escuelas rabínicas del pueblo judío, así como las instituciones medievales de escuelas monásticas y catedralicias. En la formación profesional o de oficios es preciso mencionar los sistemas gremiales, que estructuraron un proceso educativo formal que incluía distintos pasos, de aprendiz a maestro. De todas estas instituciones, salvo excepciones, las mujeres estaban excluidas: la educación de la mujer se mantenía en el ámbito familiar. Una excepción notable era la educación que las mujeres recibían en algunos conventos: la mayor posibilidad de acercarse a la cultura para las mujeres se daba con su ingreso en un convento. De hecho, hubo varias abadesas y monjas que realizaron una importante aportación cultural, y es de suponer que hubo muchas más que aquellas cuyo nombre ha llegado hasta nosotras.

El gran cambio en la educación occidental se da con la revolución industrial, que comienza a requerir mano de obra cualificada, lo que desemboca en la instauración de la escolarización universal obligatoria. La universalidad se refiere principalmente a los varones, pero la Ley Moyano, en 1857, plantea ya la creación de escuelas de niñas en pueblos con más de 500 "almas", así como la creación de las Escuelas Normales femeninas.

El rol educador que las mujeres habían desempeñado al interno de los hogares se prolongó hacia la esfera pública, si bien sólo para mujeres que asumieran unas exigencias muy determinadas y para la educación de las niñas y niños pequeños. La educación al amparo de la Ley Moyano preveía espacios y currículos diferenciados para niñas y niños, de acuerdo al presupuesto de sus diferentes roles sociales, que requerían una formación diferente.

La Ley Moyano fue la ley que rigió la educación durante algo más de un siglo. Por otra parte, la Escuela Nueva, desde mediados del siglo XIX hasta la primera mitad del XX, supuso un movimiento renovador que invitó a replantear todos los procesos educativos en la línea de subrayar la actividad del niño y la niña; cuestionando la disciplina escolar y los procesos memorísticos y promoviendo la centralidad del niño y la niña y su capacidad y necesidad de descubrir de manera activa el conocimiento, a través de la práctica y el juego. La Escuela Nueva desarrolló múltiples iniciativas y técnicas pedagógicas. En España, su mejor expresión se dio en los movimientos pedagógicos en torno a la II República: la Institución Libre de Enseñanza de Giner de los Ríos, el movimiento krausista y, como ejemplo de aplicación específica a la educación de las niñas, la Escuela del Bosque de Rosa Sensat. La ILE se caracterizó por la educación mixta, si bien no totalmente igualitaria.

El acceso a la Universidad estuvo vedado a las mujeres en España hasta 1910 (en otros países europeos fue entre 1850 y 1890), si bien Concepción Arenal había asistido a clase, disfrazada de hombre, entre 1841 y 1846, y Mª Elena Maseras se había matriculado en 1872 con un permiso especial del Rey, que, sin embargo, no le permitía asistir a clase. Si bien finalmente consiguió asistir, tuvo serias dificultades para que se le permitiera ejercer la profesión de Medicina para la que se había titulado. Hubo otras excepciones en el siglo XIX, entre las que cabe destacar a Dolores Aleu, que fue la primera mujer en defender una tesis doctoral y obtener el título de doctor en 1882.

En 1970, en época de aperturismo del régimen franquista, se promulga la Ley General de Educación. Esta ley unifica el currículo de niñas y niños y establece una progresión del sistema de enseñanza más unificado, que evitaba la toma de decisión temprana (a los 10 años) sobre el futuro profesional. La ley es expresión de una sociedad en la que se hace precisa una mayor movilidad social para la modernización económica, y trae como resultado las primeras generaciones masivas de universitarios y universitarias. Si bien desarrolla el mismo currículo con niñas y niños, la práctica habitual (aunque no obligatoria) es que se realice en clases separadas por sexos en la Educación General Básica, aunque no así en los Institutos. La generalización de la educación mixta se da con la Ley Orgánica del Derecho a la Educación, en 1985, que regula la participación en la educación de centros privados y concertados y exige como requisito para el concierto, entre otros, que la enseñanza sea mixta. En estos años 80 se desarrolla un movimiento importante de educación no sexista o coeducación, junto con otros movimientos renovadores que incluyen la educación para la paz, la educación medioambiental y promulgan una educación activa y participativa, en la línea de la Escuela Nueva.

La LOGSE, en 1990, incorpora los principios de coeducación dentro de la legislación educativa, más allá de la educación mixta; y la LOE, de 2006, modificada por la Ley de Igualdad en 2007 y la LOMCE en 2013 incorporan la educación para la igualdad entre mujeres y hombres como principio y fin de la educación.

1.2 *EDUCACIÓN Y CAMBIO SOCIAL*

No obstante esta incorporación de la igualdad en la educación formal, los resultados nos dicen que queda mucho por caminar. La educación es el instrumento privilegiado de cambio social, a la que todo el mundo acude para mejorar la sociedad, pero no podemos olvidar que también es una herramienta de conservación de la estructura social.

La educación se da siempre en una determinada sociedad y responde también a sus necesidades. La perspectiva sociológica en la educación, especialmente a través de la sociología crítica[11], ha permitido analizar las funciones sociales que cumplen los sistemas educativos, a veces sin que los propios educadores tengan conciencia de ello.

— La educación tiene un papel social de ***transmisión de la cultura***. Durkheim ya definía la educación como el "proceso de socialización de las generaciones jóvenes". La educación transmite la cultura:

  • Transmite los conocimientos científicos, técnicos y artísticos necesarios para el funcionamiento social.

  • Socializa a las generaciones jóvenes, transmitiendo las pautas de comportamiento, los códigos de valores y los hábitos necesarios para que se incorporen con éxito a la sociedad adulta.

  • Transmite la visión del mundo y las formas de comprender y relacionarse con la realidad, propias de una sociedad determinada.

---

[11] Bordieu y Passeron, Baudelot y Establet, dentro de la corriente francesa, Apple y B. Bernstein en la anglosajona

— La educación tiene una función social de ***reproducción***. El mayor aporte de la sociología crítica fue la constatación de que los sistemas educativos cumplen una función social de conservación o transmisión, no sólo de conocimientos, sino también de la estructura social. A esto se ha llamado «reproducción» (Bordieu y Passeron, 1970). En muchas ocasiones los sistemas educativos se presentan como capaces de nivelar las diferencias sociales a través de la igualdad de oportunidades. Lo que la sociología crítica analiza es que esto no es totalmente cierto, ni siquiera en las sociedades con sistemas educativos públicos y gratuitos. Hay una semejanza llamativa entre la distribución social «de entrada» al sistema educativo y la distribución social «de salida». Esto es, la mayor parte de las personas que llegan a obtener titulaciones que les permiten situarse entre los grupos privilegiados de la sociedad provienen de esos mismos grupos privilegiados. Por eso se ha dicho que los sistemas educativos sirven para legitimar las diferencias sociales, ofreciendo razones aparentemente basadas en la capacidad y en el mérito para mantener esas diferencias.

El hecho es que uno de los mejores predictores del rendimiento escolar de un/a alumnx es el nivel cultural y educativo de su familia, que suele ir ligado a su nivel socioeconómico. Salvo que consideremos que esto es producto de la influencia genética[12], hemos de admitir la hipótesis de que la escuela no ofrece la igualdad de oportunidades que predica. Los mecanismos por los cuales los sistemas educativos desarrollan esta función son muchos, y la mayor parte de ellos desconocidos por los propios educadores.

- *Las expectativas del profesorado*. Rosenthal y Jacobson describieron el llamado «efecto Pygmalión». Según este efecto, lo que el profesorado espera de cada alumnx influye de forma muy importante en los resultados del rendimiento de lxs alumnxs: esto es, si un/a profesor/a espera un buen rendimiento de un/a alumno/a, actuará de tal manera que es muy probable que lo obtenga. Por otra parte, las expectativas del profesorado están influidas por la consideración social positiva hacia los alumnos y alumnas formales, tranquilxs, de clase media o media alta, y de desconfianza hacia el alumnado proveniente de familias con menor nivel social.

- Los *agrupamientos del alumnado* también son un mecanismo que tiene influencia en su rendimiento escolar. La tendencia a separar a lxs alumnxs de mejor nivel de lxs de más bajo nivel va en detrimento del rendimiento escolar de estxs últimxs,

---

[12] Nótese que estamos hablando del nivel educativo y cultural, no del C.I.

aunque privilegia aún más el rendimiento de lxs más favorecidxs. A pesar de lo que pudiera parecer a primera vista, los estudios comprueban que el alumnado menos favorecido se ven más beneficiado cuando trabaja en grupo con alumnas y alumnos de mayor nivel, ya que el profesorado tiende a adaptar su nivel de exigencia al nivel del grupo. Si el grupo es «homogéneamente bajo», la exigencia disminuye, y hay menor avance.

- Los *códigos lingüísticos y de comportamiento*. B. Bernstein (1968) señaló la influencia de los códigos lingüísticos que se utilizan en el sistema educativo. El sistema escolar utiliza un código «elaborado», con mayor uso de vocabulario abstracto, construcciones gramaticales más complicadas, etc. Este código es también utilizado en las clases medias y altas. Sin embargo, el alumnado proveniente de las clases populares sólo utiliza un código «restringido», con menor riqueza de vocabulario, mayor importancia del contexto y la comunicación no verbal y frases más cortas y sencillas. Esto coloca al alumnado de menor nivel social con una dificultad (handicap) para enfrentarse con el ambiente escolar, que utiliza un lenguaje y unas categorías de pensamiento casi desconocidas para ellxs. Lo mismo sucede con los códigos de comportamiento: los que la escuela utiliza coinciden con los vigentes en las clases de mayor nivel social.

- La influencia de la *familia* en la educación es muy grande. No sólo en cuanto a hábitos, valores y actitudes, sino en los propios conocimientos. La alumna y el alumno proveniente de una familia con un buen bagaje cultural se enfrenta a la escuela con una cantidad de experiencias y conocimientos que lo sitúan en ventaja respecto a quienes provienen de ambientes pobres en estímulos culturales (normalmente de bajo nivel socioeconómico).

– La educación tiene una función de **cambio social**. A pesar de estos límites que se manifiestan en los sistemas educativos en cuanto productores de igualdad de oportunidades, sigue siendo cierto que la educación es un gran instrumento para el cambio social. No sólo para un cambio social planificado por los rectores de los sistemas educativos, sino también para un cambio social no planificado.

- La educación sigue siendo un instrumento de *movilidad social* para las personas. Los mecanismos por los que opera la reproducción social a través de la escuela no determinan individualmente el futuro del alumnado. Aún con handicaps y dificultades, el sistema educativo ofrece una oportunidad clara de ascenso social que, cuando se generaliza (entrada masiva en la Universidad, etc) provoca cambios sociales.

- El *estatus de «estudiante»* permite un estilo de vida que hace años no existía o estaba limitado a grupos sociales muy reducidos. Ofrece un período de transición donde se tiene el nivel intelectual de un adulto con una distribución del tiempo distinta, espacio para el ocio, relación con los iguales, una mayor conciencia crítica... Esto convierte a lxs estudiantes en una fuerza social con gran capacidad de incidencia.

- Ya desde el siglo XIX se ha venido desarrollando la educación de personas adultas, la educación popular... la educación no formal en diversas modalidades. La *educación de los sectores populares*, aún en los casos en los que ésta no es su intención explícita, forma personas con mayor capacidad crítica, mayor conciencia de su dignidad y mayor capacidad de intervenir en la sociedad.

La educación «no lo puede todo». Es parte de un sistema social y participa del conjunto de sus valores, positivos y negativos. Sin embargo, tiene una gran potencialidad al permitir en las personas una mayor autonomía, conciencia y capacidad de asumir la realidad e intervenir en ella. Por eso sigue siendo un instrumento imprescindible en cualquier proceso de cambio social en cualquier ámbito.

2 PROGRAMAS Y ACCIONES FORMATIVAS EN EDUCACIÓN NO FORMAL

2.1 *CARACTERÍSTICAS GENERALES*

Como hemos visto, las definiciones existentes de educación formal, no formal e informal son definiciones por exclusión, que establecen límites en un continuo, por lo que dejan una amplia variedad de procesos educativos situados en el campo de la educación no formal. Esto hace de ella un ámbito especialmente interesante para profundizar y analizar los procesos educativos. La educación formal está claramente delimitada y sus propias características le dan un alto grado de homogeneidad. La educación informal, por su parte, funciona según reglas generales del aprendizaje y de la comunicación humana; dentro de ella la educación familiar ocupa una gran parte y el resto de los procesos se confunden con otras disciplinas (sociología, marketing, comunicación). En el campo de la educación no formal, sin embargo, cabe un amplio abanico de procesos educativos que van desde la animación sociocultural y el desarrollo comunitario, más vinculados al trabajo social, hasta programas altamente estructurados y formalizados que no se diferencian de programas de educación formal salvo porque carecen de un marco legal que los respalde.

Es evidente que este hecho, la ausencia de una normativa que los regule, tiene implicaciones. En primer lugar, permite siempre un mayor grado de flexibilidad y movilidad de los programas para adaptarse a las necesidades cambiantes de los destinatarios. De la misma forma, son programas que se prueban en la práctica, en tanto en cuanto existen mientras responden a una necesidad experimentada por los destinatarios y mueren cuando dejan de responder a esa necesidad. Por otra parte, la ausencia de respaldo legal también suele suponer una mucho menor dotación de recursos humanos y materiales para la ejecución de estos programas, incluso en los casos en los que son puestos en marcha por administraciones públicas: son también voluntarios y opcionales en materia de financiación. Esto se refleja normalmente asimismo en la dificultad de contar con profesionales para su desarrollo.

Pero, por otra parte, este amplio abanico señala que resulta muy difícil, y probablemente inútil, definir unas características generales más específicas de los programas de educación no formal o buscar criterios estándar para valorar tanto los propios programas como su ejecución. Para esto deberemos situarnos desde la estructura propia del programa. Y, en este sentido, existen programas de educación no formal que, en lo propio del proceso educativo, requerirán de instrumentos y criterios propios de los programas de educación formal y otros que deberán ser valorados desde criterios mucho más vinculados al trabajo social e incluso a la educación informal.

A pesar de esta variabilidad en las características de los programas de educación no formal, lo cierto es que se trata de procesos educativos formalizados y formulados en programas. La educación informal cuenta, sin duda, con objetivos, métodos y procedimientos, así como con evaluación, en el sentido amplio de la palabra, pero raramente se formula como un programa con intencionalidad educativa. En el momento en el que se da esta formalización, el proceso pasa a convertirse en un proceso de educación no formal. Así pues, el hecho de estructurarse como un programa es lo que hace que un proceso educativo se convierta en un proceso de educación no formal – o formal cuando se dan el resto de las características que hemos mencionado -. La educación es una acción que se desarrolla en la práctica, a través de una gran cantidad de elementos, y la única forma de la que disponemos para comprenderla, conocerla y orientarla es la planificación. Planificar y programar en educación, y evaluar la ejecución en relación al plan, es el instrumento más potente para avanzar en el conocimiento de los procesos educativos y mejorarlos.

Como hemos señalado, todo proceso de educación no formal – y formal – se estructura en un programa, sea este del nivel de profundidad, complejidad y calidad que sea. Puede ser únicamente un formulario rellenado a fin de obtener financiación, o incluso un folleto de publicidad, pero estructura objetivos, contenidos, tiempos, espacios, medios y roles determinados. La diversidad de programas de educación no formal existentes hace que no podamos encontrar un único modelo para la planificación y desarrollo de los programas de educación no formal. La educación formal, como contrapunto, también cuenta con diversos modelos de planificación y evaluación, pero éstos tienen un mayor grado de confluencia por la mayor homogeneidad de los programas y del propio contexto en el que se desarrollan. En educación formal se suceden los modelos de planificación según las orientaciones educativas oficiales y según la formación recibida por los profesores, pero la diversidad es mucho más amplia en la educación no formal ya que responde a programas en sí mismos muy heterogéneos. El tipo de programa condiciona, lógicamente, el modelo de planificación.

En educación no formal se tiende, en muchas ocasiones, a un estilo de planificación ligado al trabajo social, al territorio y al desarrollo comunitario, o a las planificaciones "de trámite", que sólo consideran o bien lo solicitado para la financiación del programa – muchas veces sin relación a la realidad – o los elementos prácticos indispensables para el desarrollo del mismo (destinatarios, contenidos, responsables, fechas y lugar). Sin embargo, existen programas y planes de educación no formal con un grado de estructuración tal y que recogen un abanico de conocimientos de tal calibre que no hay razón para no utilizar para ellos modelos similares a los que se utilizan en los programas de educación formal.

En educación no formal, por otra parte, es menos habitual que se estructuren planes de largo alcance, que abarquen un amplio período de tiempo y diferentes acciones formativas interrelacionadas, al estilo de los procesos de educación formal. Los casos más típicos de programas de educación no formal podríamos caracterizarlos como los siguientes:

- Programas vinculados al **desarrollo comunitario y la animación sociocultural**, que tiene como referente la comunidad y en la que los procesos no van tanto dirigidos a los individuos como al grupo social que constituyen, aunque estén integrados por diferentes actividades formativas que individualmente sirven para el desarrollo personal de cada uno de los destinatarios.

- Programas vinculados a la **educación especializada en marginación**, donde el referente es la persona concreta, que pueden integrar cursos y acciones explícitamente formativas en un contexto de acompañamiento y reinserción social (programas educativos con personas privadas de libertad, drogodependientes, hogares tutelados, centros de menores, etc).

- Programas estrictamente **formativos** que adoptan el modelo "curso" (con objetivos, contenidos, profesorado, tiempos y espacios determinados) en un ámbito determinado (Universidades Populares, programas de formación cultural en centros sociales o municipales, formación del voluntariado, formación de miembros de cualquier tipo de organización. Incluimos la formación profesional permanente que se desarrolla en las empresas o fuera de ellas, pero no la formación profesional reglada). Estos programas suelen ser de carácter puntual, dado lo concreto de sus objetivos. Si bien en ocasiones desarrollan un amplio programa, no lo caracterizaríamos como plan de formación en el sentido de que no proponen, en la mayoría de los casos, un itinerario específico de largo alcance para los destinatarios individuales, sino que suele tratarse de una oferta amplia y diversificada para dar respuesta a intereses concretos de sus destinatarios potenciales.

- Programas de educación no formal **insertos o complementarios** en programas de educación formal. Estos programas se plantean para incorporar en la educación formal contenidos no estrictamente escolares (de los denominados "transversales") que se consideran como un bien social: coeducación, prevención de la violencia de género, educación medioambiental, prevención del cáncer, solidaridad, prevención de la drogodependencia, etc. Muchas veces son realizadas por ONGs, Ayuntamientos u otros colectivos que no participan de la dinámica del centro educativo. Las personas destinatarias son aquellas que forman parte de un colectivo en formación, normalmente niños, niñas, adolescentes y jóvenes en la educación obligatoria u otros niveles de educación formal. Las acciones formativas tienden a estar centradas en el contenido, y pueden estar en relación con otros contenidos del proceso. Con frecuencia están estandarizadas y se realizan al margen del proceso educativo general, reservando unas horas a tal efecto. Por ejemplo, en coeducación, el programa *Yo cuento, tú pintas, ella suma* en Primaria y el de *Ni ogros ni princesas* en Secundaria. Cabe destacar que ambos programas plantean su realización, en todo o en parte, por parte del profesorado habitual.

2.2   *MODALIDADES DE ACCIONES FORMATIVAS*

Podemos considerar una acción formativa cualquier iniciativa de educación que tiene unas personas destinatarias concretas, una unidad temporal (aunque sea irregular o a lo largo de mucho tiempo) y una organización didáctica (objetivos, contenidos, actividades, evaluación) interrelacionada. Esto es, una acción formativa puede ser muy corta (una o dos horas) o muy larga (un año). Incluso puede estar compuesta por otras acciones formativas en tanto en cuanto estas adopten una estructura modular, pero compartan – al menos parcialmente – destinatarios y se agrupen en torno a un objetivo mayor.

No existe una clasificación que sea totalmente compartida y unívoca respecto a las diferentes modalidades de acciones formativas. En educación no formal esto es tan variado que cada institución o persona define desde su propio criterio (a veces simplemente intuitivo) cómo denominar cada acción formativa. No obstante, existen algunas clasificaciones que pueden servir de referencia y que gozan de un cierto grado de acuerdo.

- Curso – Se tiende a denominar curso a toda acción formativa cuyo énfasis está en la adquisición de un determinado contenido o competencia, que suele utilizar una metodología de enseñanza-aprendizaje con mayor acento en la formación teórica: esto es, que la mayor parte de las actividades se centran en la exposición verbal de contenidos o en el diálogo de los mismos, sin menoscabo de que se puedan realizar ejercicios, normalmente también de carácter intelectual. Si hubiera algo que lo caracteriza, es el hecho de que aporta y desarrolla contenido intelectual nuevo para las personas participantes.

- Taller – Se tiende a denominar taller a toda acción formativa cuyo acento está en la ejercitación de destrezas o en el descubrimiento y experimentación de conceptos, competencias o habilidades a través de la actividad personal y grupal de las personas participantes. La denominación de taller implica una metodología interactiva y participativa. Puede incorporar alguna aportación de contenidos, pero esto no es lo principal dentro de los objetivos de la acción formativa.

- Seminario – Se trata de una acción formativa orientada al estudio intensivo de un tema con la participación activa de todas las personas participantes. Su contenido es de carácter intelectual, pero se diferencia de un curso en que el énfasis no está en la aportación de contenido nuevo por parte de una persona experta, sino en el análisis y la profundización desde diversos puntos de vista del contenido propuesto. Esto no quita que pueda haber ponencias o propuestas de algunas personas expertas como parte del seminario, pero estas ponencias tienen la función de iluminar la reflexión compartida.

- Conferencia – Consiste en la exposición de contenidos sobre un tema dado a un grupo de personas, normalmente heterogéneo. Son de corta duración y se caracterizan por que la atención está en la persona experta que la imparte y los contenidos que esta ofrece, sin que haya un proceso propiamente educativo de actividad organizada de las personas participantes.

- Congreso – Se trata de un conjunto de conferencias, que puede incluir seminarios y talleres, que tiene como objetivo compartir conocimientos entre un grupo de personas expertas.

- Formación on line – Actualmente tiene cada vez mayor relevancia la realización de formación on line. Esta, en ocasiones, se reduce a la entrega de un material formativo con una asesoría por parte de un tutor o tutora que ayuda a comprender el contenido y evalúa el aprendizaje. No obstante, en formación on line se pueden, en realidad, desarrollar las mismas alternativas que en formación presencial, si bien es preciso contar para ello con las herramientas y aplicaciones informáticas adecuadas. Así, se puede realizar on line un curso, un taller, una conferencia, un seminario o un congreso, o cualquier otra modalidad, con la ventaja de poder realizarlo desde cualquier lugar y, en ocasiones, en tiempos diferentes (modalidad asíncrona), aunque con las desventajas derivadas de una menor interrelación entre las personas participantes y la necesidad de un aprendizaje previo de dominio de las aplicaciones informáticas que puede suponer un hándicap o una limitación en el desarrollo de las acciones formativas, para todas o para algunas personas.

A pesar de la definición que hemos dado del formato de "curso", hemos de tener en cuenta que esta es la denominación más general y abierta. Al igual que un congreso, un curso puede, por lo tanto, incluir talleres, seminarios y conferencias dentro de su propio formato.

Cada una de estas modalidades generales de formación puede incorporar multitud de técnicas que veremos en la siguiente unidad.

3 CARACTERÍSTICAS PSICOSOCIALES DE LOS COLECTIVOS DE INTERVENCIÓN

Además del tipo de programa y de la modalidad que vamos a utilizar en una acción educativa, necesitamos tener en cuenta las características del colectivo con el que vamos a intervenir. Aquí detallaremos brevemente algunas de las características más destacadas de los colectivos según rango de edad, además de una mención particular a las personas en situación de exclusión social y a las mujeres con diversidad funcional.

3.1 *INTERVENCIÓN SOCIOEDUCATIVA EN LA INFANCIA*

Como características destacadas de la etapa de la infancia cabe señalar:

- Se trata de un momento vital, desde el punto de vista biológico y social, cuya principal tarea es el aprendizaje. El aprendizaje es una necesidad en todos los seres humanos, pero de manera más destacada en las niñas y los niños, porque la característica, el objetivo de esa etapa de la vida es, precisamente, el crecimiento físico y psicosocial, y este último se da a través del aprendizaje (que también influye en el crecimiento físico).

- Es también un momento de construcción de la identidad. En la primera infancia se desarrolla el concepto de yo, sin el cuál no existe sujeto que pueda asumir los aprendizajes. El concepto de yo se desarrolla en la infancia a través de las características que nos reflejan las personas cercanas, especialmente aquellas con las que hemos establecido vínculo de apego. Ellas son las que nos dicen quiénes somos. La identidad en la infancia es, además, una identidad relativa, en la que tiene una gran importancia la pertenencia y los vínculos: nos definimos como "hijxs de", "hermanxs", lo que hace que la ausencia de vínculos dificulte la construcción de la identidad.

- La infancia es una etapa de heteronomía en el desarrollo moral. En la infancia se aprende lo que "está bien" y lo que "está mal", y se hace a través de las figuras de referencia: está bien lo que agrada a mis figuras de apego y está mal lo que les desagrada. Por eso se habla de que es una etapa heterónoma: la definición del bien y del mal no está en el propio criterio, sino en el criterio ajeno. Así, una conducta sólo está mal si es descubierta o castigada, porque no se considera que la conducta sea mala en sí, sino sólo por las consecuencias que tiene.

Según la teoría de Kohlberg, la infancia se caracteriza por el nivel preconvencional de desarrollo moral, que dura hasta los 10-12 años y consta de dos estadios: el estadio 1, de orientación heterónoma al castigo y la obediencia, y el estadio 2, de orientación individualista, que se caracteriza porque la consideración de una acción como correcta o incorrecta se basa en el grado en el que su realización (o el cumplimiento de una norma) satisface sus propias necesidades. En este estadio se considera que también las demás personas actúan por su propio interés. Las razones para hacer el bien siguen ligadas a evitar la sanción.

Esta etapa heterónoma, no obstante, es imprescindible para avanzar en el proceso de desarrollo moral hacia el nivel convencional y postconvencional.

Si bien la teoría de Kohlberg es ampliamente aceptada y explica diversas cuestiones generales respecto al razonamiento moral en los niños y niñas, es preciso tener en cuenta la perspectiva de Gilligan, que planteó que la teoría de Kohlberg tenía un sesgo claramente androcéntrico porque la basó en entrevistas con sujetos de género masculino. Los estudios de Gilligan diferencian la ética de la justicia y la ética del cuidado. A los varones se les educa para la búsqueda de la independencia y el pensamiento abstracto, mientras que a las mujeres se las educa para ser cariñosas y preocuparse por los demás. Así, algunos estudios han puesto de manifiesto en la etapa infantil algunas diferencias en la preocupación ética: donde los niños dan una respuesta agresiva desde un punto de vista individualista, las niñas tienden a tener en cuenta el bienestar de los sujetos implicados. Como resultado de una educación diferenciada por géneros – de manera informal e inconsciente –, se podría plantear que más niñas avanzan hacia la interiorización de los principios éticos de bienestar de los demás no como resultado de un proceso de abstracción intelectual, sino por la vía de la empatía, descuidada en el análisis de Kohlberg, centrado en el razonamiento moral.

- La infancia es también el tiempo de explorar y conocer el mundo natural y social. Esta exploración se da con mayor fluidez desde dos experiencias: la confianza básica y los límites.

El desarrollo de una confianza básica que permita explorar el mundo y asumir riesgos, como hemos visto en la unidad anterior, se da a través de la experiencia con las figuras de apego. Un apego seguro permite correr riesgos, ya que se ha experimentado que existen soporte o forma de sanar el dolor cuando las cosas van mal. Por otra parte, para conocer el mundo es muy importante conocer los límites, y tener la seguridad de que los límites pueden ser percibidos. En la medida en la que no se conoce el entorno, es preciso explorar con cuidado; una vez que ya se sabe hasta dónde se puede llegar sin peligro, es más fácil moverse con libertad. Por eso las niñas y los niños tienden a experimentar hasta que las personas adultas les "ponen límites". La existencia de límites da el marco para el desarrollo.

La necesidad que tienen los niños y las niñas de límites no quiere decir que no deba ser cuestionado cuáles son los límites adecuados y reales. Es evidente que a niños y a niñas se les plantean límites diferentes: los comportamientos tolerados en las niñas no siempre lo son en los niños, y viceversa. Este establecimiento primario de los límites es necesario para el desarrollo de la libertad y la autonomía, pero también puede abortar el desarrollo de capacidades que simplemente escapan a las convenciones sociales establecidas para cada uno de los sexos.

- Por todas estas razones, la infancia es tiempo de actividad y experimentación. El juego, físico e intelectual, la presentación y realización de experiencias variadas, la toma de contacto con diversos mundos y manifestaciones culturales son los estímulos que permitirán hacer a niños y niñas lo que mejor saben hacer: aprender. "Yo solo", el ensayo de las propias capacidades, el aprendizaje por ensayo y error son de suma importancia en esta etapa. Normas y pautas excesivamente rígidas y la insistencia en la obediencia limitarán los aprendizajes y pueden conseguir la mayor contradicción: niños y niñas que no quieren aprender. Desde el punto de vista del género, es preciso recordar que se suele animar más a los niños que a las niñas a experimentar y arriesgarse, y esto tiene como consecuencia el perfeccionismo, más habitual entre las mujeres, y la audacia, más valorada, perdonada y apreciada en los hombres.

- En esta etapa, el modelado es el mecanismo principal por el que se aprenden sobre todo las actitudes, aunque también otros gestos y hábitos. La existencia de modelos positivos y variados en el entorno de los niños y niñas facilita abrir sus capacidades y su campo de desarrollo.

- Por último, cabe destacar que en la infancia se da una gran necesidad de atención y afirmación personal, precisamente por este momento de construcción de la identidad. Los estímulos, los refuerzos y el cariño crean en niños y niñas la confianza de ser valiosos y valiosas, una confianza que sirve de estímulo al aprendizaje y al desarrollo.

El crecimiento de la infancia da lugar a la adolescencia (aproximadamente entre los 12 y 15-18 años). La palabra "adolescente" tiene la misma raíz etimológica que "adulto/a", y significa "en crecimiento". La adolescencia es un momento marcado por cambios fisiológicos e intelectuales muy acusados que dan lugar a la etapa de juventud, en la que físicamente son personas adultas ("robustecidas", en alguna dimensión en el mayor nivel de crecimiento que se va a alcanzar en la vida), pero aún tienen algunas tareas pendientes en su desarrollo social.

La juventud es una "condición social", esto es, una característica que se atribuye a las personas, pero que está configurada y definida por la sociedad; depende del conjunto social. Esto quiere decir que la juventud no existe en sí misma, al menos tal y como la concebimos, sino que es producto de la organización social y, por tanto, asume características diferentes en función de la sociedad en la que se desarrolla. No es lo mismo la vivencia y la experiencia de la juventud en la cultura occidental que en la oriental, ni la definición de juventud actual que la que ha ido habiendo a lo largo de los siglos. No obstante, el hecho social de la juventud se apoya en el hecho psicobiológico del desarrollo humano.

La adolescencia y la juventud se pueden definir como el período de la vida humana entre la infancia y la adultez, caracterizado por ser una etapa de transición en la que la persona tiene la tarea de definir su identidad y tomar las decisiones vitales que configurarán su vida adulta.

El paso de la niñez a la adultez es un rito de paso, que se ha visto amplificado y prolongado por la creciente complejidad de la sociedad que hace que cada vez sea mayor la cantidad de procesos que la persona necesita hacer para pasar al estatus de adulto. Ciertamente, en una sociedad menos compleja el paso de la niñez a la adultez, como estado social, se realizaba con mayor rapidez: en una estructura social rígidamente establecida eran pocas las decisiones que las personas tenían que tomar; su profesión y su lugar social venía prácticamente definido por el nacimiento. Sin embargo, la complejización de la sociedad y el aumento de los elementos que cada individuo tiene que definir personalmente en su vida, la ampliación del número de opciones disponibles, la mayor libertad de decisión, han complejizado y alargado también el espacio de transición al nuevo estatus.

La persona adolescente y joven ya no es socialmente niño o niña, y no le son permitidos, por tanto, los comportamientos infantiles, pero tampoco es una persona reconocida como adulta, y por ello tampoco se le conceden las ventajas de ese nuevo estatus, que, de alguna forma, ha de ganar (Delgado, 2005). Esta es una situación de indefinición, inestabilidad e incertidumbre provoca, más o menos conscientemente, una cierta inseguridad y angustia, pero ofrece una posibilidad muy importante de crecimiento y descubrimiento de nuevos horizontes.

a) De una identidad relativa a una identidad autónoma

La primera tarea con la que se enfrentan los adolescentes en esa etapa de transición es la configuración de la propia identidad. Hasta la fecha han vivido con una identidad en cierta medida "prestada" por las personas adultas, cuanto menos, podemos decir que su identidad incluía la relación de dependencia con las personas adultas. Al iniciarse la adolescencia se ven impelidos, por el desarrollo de sus propias capacidades y por las demandas que se les comienzan a hacer socialmente, a definirse autónomamente ante sí mismos y ante los otros, y construirse una identidad coherente que les permita reconocerse y orientarse ante las múltiples decisiones que tienen que tomar cada día.

Este proceso de construcción de una identidad autónoma implica algunas tareas que debemos tener en cuenta en la intervención socioeducativa:

- La adolescencia y juventud son un momento de ejercitar las propias capacidades
- Buscar signos de identidad propios
- Despegarse de una identidad "prestada"
- Ejercitar el protagonismo
- Una primera definición de la identidad y orientación sexual
- Avance hacia la autonomía moral: nivel convencional y nivel postconvencional.

b) Momento de toma de decisiones vitales

Si bien una de las realidades que nos obliga a enfrentar la sociedad actual (no tanto desde el punto de vista cultural cuanto económico) es que hay pocas cosas que resistan el embate del cambio permanente, y por lo tanto se ponen en cuestión todas las definitividades; sigue siendo cierto que todas nuestras decisiones quedan irremediablemente acotadas por las que hemos tomado anteriormente. La etapa de la adolescencia y la juventud continúa también siendo no sólo la etapa en la que se dan las condiciones psicosociológicas para tomar decisiones de gran importancia en lo que será la vida adulta, sino también una etapa crucial en el aprendizaje del propio proceso de la toma de decisiones autónoma.

Tanto el aprendizaje de la toma de decisiones como el rango de opciones disponible ante esta toma de decisiones en los distintos aspectos de la vida estará, evidentemente, condicionada y acotada por las distintas circunstancias personales y sociales: las opciones reales disponibles en grupos socialmente desfavorecidos son mucho más limitadas (o, al menos, distintas) que aquellas de las que disponen los jóvenes de grupos sociales privilegiados. De la misma manera, la forma en la que se aprende a tomar las decisiones está muy condicionada por las características del entorno familiar y social y por las propias características individuales. Sin embargo, todos vivimos en un entorno social y cultural que, cuanto menos, nos provoca la ilusión de que tenemos miles de opciones disponibles, y los adolescentes se ven impelidos a tomar postura (sea activa o pasivamente) ante multitud de reclamos que encuentran en su vida cotidiana: reclamos de consumo, de relaciones, de diversión, de estudio y trabajo, de aficiones... Con la novedad frente a la niñez de que comienzan a ser considerados, tanto por los demás como por sí mismos, como sujetos de decisión sin el intermedio permanente de las personas de las que dependen.

La identidad recién formulada se confronta, se configura y se consolida en un proceso de toma de decisiones. Los seres humanos tenemos una gran necesidad de coherencia interna: necesitamos percibir que nuestras opciones son coherentes con nuestras ideas y convicciones, de lo contrario nos vemos obligados a modificar nuestras ideas, a cambiar nuestro comportamiento o (cuando eso nos resulta imposible o no deseamos asumir el coste que supone) a vivir con falsas conciencias que nos permitan una apariencia de coherencia ante nosotros mismos. La disonancia cognitiva (el conflicto entre lo que pensamos y lo que hacemos) genera una tensión interna en la que no podemos permanecer demasiado tiempo; nos escinde interiormente.

La configuración de la identidad se revalida, así, especialmente en la toma de algunas decisiones especialmente importantes (por su peso en la vida y el comportamiento de las personas) que se van tomando a lo largo de la juventud, pero también en la formación de actitudes ante la vida. La actitud se define en psicología como una disposición globalmente estable a actuar de una determinada manera. La identidad cristaliza en decisiones vitales y en actitudes que configuran nuestra tendencia a tomar las decisiones cotidianas de acuerdo a unos valores. La coherencia global de estas dimensiones dará la medida de la solidez de la estructura personal.

Ayudar a que la identidad que se va configurando se concrete en unas decisiones y actitudes que configuren un estilo de vida que dé coherencia y solidez a esta identidad en los jóvenes implica un proceso de formular y consolidar los valores que eligen como centrales para sus vidas, descubrir y aterrizar las consecuencias prácticas de elegir estos valores y asumir los conflictos inherentes a la toma de decisiones. Toda elección implica una renuncia, y no es posible ejercer la libertad sin elegir. Cualquier decisión tiene consecuencias y nos obliga a priorizar valores, a elegir entre cosas buenas en sí mismas. Cómo vamos tomando esas decisiones va reformulando y afianzando nuestra identidad.

3.3 PERSONAS ADULTAS

Las formulaciones más destacadas y compartidas sobre educación de personas adultas son las que ha ido realizando la UNESCO, a partir de los años posteriores a la segunda guerra mundial, a través de diferentes conferencias internacionales. En 1949 plantea la educación de personas adultas como una tarea surgida en la civilización industrial, muy ligada a la idea de progreso y desarrollo democrático; en 1960 plantea que la educación de personas adultas trasciende la alfabetización y se orienta hacia la convivencia y la participación, y en 1972 la vincula a la igualdad de oportunidades educativas y a la educación permanente[13].

La educación de personas adultas surgió ligada a la necesidad de alfabetización y a la formación de los trabajadores en las capacidades y habilidades necesarias para el desempeño de su tarea. Hasta hace poco tiempo (finales de los años ochenta) su desarrollo y su teorización estuvieron marcados por estas dos funciones[14]:

- Función **compensatoria**. Partía del concepto de que el momento adecuado para la formación era la infancia, la adolescencia y la juventud. Así, la educación de personas adultas era un mecanismo que se establecía para "compensar" a aquellos que no habían recibido la educación adecuada en la "edad apropiada". Se suponía, por tanto, que la educación de personas adultas dejaría de ser necesaria en la medida en la que se desarrollaran los sistemas educativos formales y todas las personas pudieran adquirir la educación necesaria en el "tiempo apropiado".

- Función **capacitadora**, para facilitar a los personas adultas el acceso al mercado laboral en virtud de los fuertes cambios tecnológicos que requerían nueva formación en los trabajadores.

Las ciencias de la educación, en los últimos años, han venido reflexionando acerca de las perspectivas y los errores de perspectiva que subyacían a esta orientación de la educación de personas adultas:

- En primer lugar, el concepto de la "**edad apropiada**"[15]. Durante años, algunas teorías psicológicas han defendido que las capacidades intelectuales disminuyen con el paso

---

[13] cf QUINTANA, J.M. (1986).
[14] cf. GARCÍA CARRASCO, J. y GARCÍA DEL DUJO, A. (1997).
[15] cf. FLECHA, R., "Compensación, aceleración, inteligencia cultural" en GARCÍA CARRASCO, J. (coord.) (1997).

de los años (algunos autores señalaban los 20 años como el momento de mayor capacidad intelectual). Esto hacía que los educadores de personas adultas (y ellas mismas) se enfrentaran a la tarea con una cierta expectativa de fracaso, que, como tantas otras expectativas, se convertía en "profecía autocumplida". Sin embargo, los últimos estudios señalan que no hay datos que avalen fehacientemente esta disminución de las capacidades intelectuales. Más bien parece haber cambios motivacionales y de estilo de vida que modifican el estilo de aprendizaje.

- En segundo lugar, y vinculado a esta concepción, la idea del adulto como **"ser acabado"** y de la formación como un proceso finito[16]. Pero, si bien es cierto que el proceso formativo tiene como horizonte que el formando sea capaz de andar solo, esto no quiere decir que quede al margen de la formación. Más bien, las personas más formadas son las que más formación "consumen": el horizonte de la formación sería la autoformación permanente más que el alejamiento de los procesos formativos. Una autoformación que no excluye la participación en iniciativas organizadas de formación, más bien las incluye en un estilo abierto en el que la persona puede ir construyendo su propio currículum formativo.

Hablar de educación de personas adultas requiere especificar mínimamente lo que estamos comprendiendo por adulto. Etimológicamente, se refiere a la persona "crecida", en contraposición al adolescente, que estaría "en crecimiento". Sin embargo, esta perspectiva es claramente insuficiente si entendemos al ser humano como ser en proceso permanente. Mencionaremos brevemente, para una definición sociológica del adulto, algunos rasgos que se han identificado como "término de la juventud" en nuestras sociedades: la constitución de un <u>hogar propio</u>, fuera de la casa paterna/materna, y la consiguiente <u>autonomía económica</u>, sea personal o en la nueva familia constituida, que supone habitualmente la incorporación al mundo laboral. Estas características objetivas de la vida adulta implican y definen una serie de rasgos de personalidad (responsabilidad, autonomía, etc) con los que identificamos la vida adulta, independientemente de que en cada persona estos rasgos se den en mayor o menor grado.

Desde esta perspectiva, la personas adulta tiene intereses y motivaciones distintos a los de otras edades de la vida, que habrá que tener en cuenta en cualquier proceso de educación o formación de personas adultas:

---

[16] cf. GARCÍA CARRASCO, J. y GARCÍA DEL DUJO, A. (1997).

- La persona adulta tiene un amplio bagaje de **conocimientos no formales**. Esto es, independientemente de su nivel de estudios y de sus conocimientos académicos, el adulto cuenta con muchos conocimientos producto de su experiencia y su interacción social. Por ello, hemos de considerar estos conocimientos en su formación y partir de una consideración positiva de los mismos, sin sobreentender que lo que no es educación formal o académica no genera conocimiento.

- La persona adulta cuenta con su **experiencia**, que le condicionará tanto positiva como negativamente. Positivamente, porque la experiencia genera aprendizajes, negativamente, porque también genera aprendizajes negativos. Es posible que el adulto que no ha "estudiado" o que haya tenido una mala experiencia con el sistema educativo haya interiorizado la idea de que es incapaz de aprender. De la misma manera, si los contenidos que se trasmiten contradicen su experiencia, es necesario explicitar esta contradicción y elaborar conjuntamente la experiencia con los nuevos contenidos, ya que, de lo contrario, la persona adulta tenderá a confiar más en su propia experiencia que en lo que se le transmite.

- La persona adulta ha desarrollado una gran cantidad de **saberes prácticos** y habilidades no reducibles a esquemas académicos o formales. Es preciso aprovechar estos saberes prácticos en su formación, ya que, lejos de frenarla, pueden acelerarla de forma mucho más eficaz que en otras edades de la vida. Evidentemente, si se ignoran estas habilidades y meramente se traspone a los personas adultas los recursos pedagógicos de otras edades de la vida (infancia y juventud), el aprendizaje se verá frenado. Su forma de aprender está condicionada y enriquecida por su bagaje educativo, experiencial y su sabiduría práctica y vital.

- Por último, es preciso tener en cuenta la **motivación** con la que acuden los personas adultas a la formación. Los personas adultas acuden voluntariamente, y, por lo general, con una doble motivación: aprender y relacionarse. Estas dos expectativas no son contradictorias, pero será necesario tenerlas en cuenta para facilitar que la relación ayude al aprendizaje y el aprendizaje a la relación.

Estas características del aprendizaje adulto no son radicalmente diferentes a las de otras etapas. La diferencia viene marcada por el momento vital (la experiencia) y la inserción social que caracteriza a cada edad. La juventud es propiamente la etapa de inserción social, con la consiguiente búsqueda y definición de la propia identidad y de orientación de su vida. La vida del adulto está marcada por los condicionantes objetivos de las decisiones que ya ha ido tomando, y por los aprendizajes que se han ido dando en estas decisiones y experiencias.

El concepto de exclusión social se ha ido utilizando progresivamente en sustitución del de *pobreza* por parte de diversos organismos internacionales desde los años ochenta "debido a la extensión de cierto consenso en cuanto a la necesidad de superar la orientación economicista del concepto de pobreza (Hiernaux, 1989)" (Laparra y Pérez Eransus, 2014) y ampliando la perspectiva del mismo. Este concepto implica la idea de que existe un continuo entre la plena inclusión social (esto es, el disfrute pleno de los beneficios sociales) y la exclusión extrema, que supondría no participar en ninguno de los beneficios que ofrece la sociedad. Lo que pone de manifiesto el concepto es que las razones por las que no se participa de estos beneficios pueden ser muy variadas, no exclusivamente económicas, y centra la atención en que el problema se sitúa precisamente en esa excusión de los beneficios, independientemente de cuál sea la causa.

Así, dentro de las situaciones de exclusión social encontramos colectivos muy diversos: algunos que son excluidos por prejuicios o discriminación, otros por dificultades personales que les impiden el acceso a los bienes sociales, otros por condiciones sociales estructurales.

Dentro de esta diversidad, lo que caracteriza a las personas en situación de exclusión social es la vulnerabilidad, y esta vulnerabilidad ha de ser tenida en cuenta a la hora de trabajar educativamente con ellas.

- Se encuentran en una situación y con una historia de daño: han sufrido de una u otra manera agresiones que les han producido daño personal que es necesario sanar. Este daño tiene normalmente una dimensión externa (falta de capacidades o de titulaciones que les permitan situarse de manera competitiva en el mundo laboral, falta de apoyos económicos, otro tipo de carencias) y otra interna; esto es, una dimensión psicológica que merma o no ha permitido que se desarrollen algunas capacidades cruciales para desenvolverse en la sociedad y para gestionar las propias emociones y sentimientos.

- Por lo tanto, presentan una gran necesidad de activar/desarrollar capacidades que les permitan realizar procesos de inclusión e inserción social.

- Suelen tener la autoestima dañada: la autoestima se forma a través de lo que el resto de las personas nos devuelven. Las personas que se encuentran en situación de exclusión interiorizan – más allá de cómo lo presenten externamente – la conciencia de que "no valen nada", que lleva a una falta de valoración y cuidado de sí mismas, muchas veces de manera muy agresiva o con comportamientos de riesgo.

- Carencia de recursos. Normalmente se trata de personas que no cuentan ni con recursos externos (económicos, sociales) ni con recursos internos (formativos, de habilidades), lo que hace que no tengan herramientas adecuadas para afrontar las dificultades de la vida. Por eso no es extraño que las puedan afrontar con herramientas inadecuadas o, en algunos casos, delictivas.

- Indefensión aprendida. La experiencia de exclusión siempre tiene al menos algunas causas ajenas a la persona. Normalmente las personas en exclusión social han aprendido que, hagan lo que hagan, no logran mejorar su situación, por lo que dejan de intentarlo.

- Dificultad de motivación. Eso hace que uno de los desafíos más importantes con las personas en exclusión social sea despertar su motivación para cambiar la situación en la que se encuentran; suscitar esperanza, ayudarles a tomar conciencia de que hay cosas que están en su mano.

- Previsible desconfianza. Es previsible que las personas en situación de exclusión se sitúen inicialmente con una desconfianza profunda ante la persona que realiza la intervención socioeducativa. Esto está en relación con la indefensión aprendida. Es necesario un proceso a veces largo para que constaten que pueden confiar en la persona o en las instituciones que realizan la intervención.

3.5 *MUJERES CON DIVERSIDAD FUNCIONAL*

Por último, vamos a mencionar a las mujeres con diversidad funcional. La característica principal es que sufren una doble discriminación: la correspondiente a su sexo y la que procede de la discapacidad.

La brecha salarial no sólo se da entre hombres y mujeres: también entre personas sin y con discapacidad. A pesar de los mecanismos de apoyo al empleo de las personas con discapacidad todos los datos apuntan a que tienen más dificultades en el acceso al empleo y en acceder a empleos bien remunerados. En el caso de las mujeres con discapacidad, ambos factores se suman o multiplican; así, si los niveles de desempleo son mayores entre las personas con diversidad funcional, aún más entre las mujeres con diversidad funcional.

Por ejemplo, en 2016 la tasa de paro de las personas con discapacidad fue del 28,6%, mientras que la tasa de paro de la población sin discapacidad fue de 19,5%; y, dentro de ambos grupos, la tasa de paro de las mujeres fue superior a la de los hombres:

Tasa de paro 2016	Diferencia tasa de paro de las mujeres sobre la de los hombres	Total
Personas con diversidad funcional	1,2 puntos	28,6%
Personas sin diversidad funcional	3,4 puntos	19,5%

Fuente: La Vanguardia, 1/12/2017
http://www.lavanguardia.com/vida/20171201/433328332833/la-tasa-de-paro-de-las-personas-con-discapacidad-fue-del-286-en-2016-9-puntos-mas-que-la-poblacion-sin-discapacidad.html

Las personas con discapacidad intelectual tienen otros problemas referidos a sus relaciones afectivas y sexuales. A lo largo de la historia se ha tendido a negar la existencia de dichas necesidades o a considerarlas como algo patológico o propio de la "disfunción" o minusvalía. Esto ha sido más agudizado con las mujeres, ya que a la consideración de que la mujer no debe tener deseos sexuales se le añade la consideración de que las personas con discapacidad intelectual, tampoco. Esta negación de la sexualidad y afectividad de las personas con discapacidad ha provocado que no se haya educado esta dimensión en estas personas y que el tratamiento de los impulsos sexuales haya tendido a ser represivo.

Las mujeres con discapacidad también se encuentran, con mayor frecuencia incluso que los hombres en esta situación, en los extremos de la sobreprotección y el abandono por parte de sus familiares y su entorno social. La consideración de la mujer como "más débil" y la asignación del espacio privado a las mujeres y el público a los hombres ha tendido a ocultarlas; mientras que para los hombres, en lo posible, se ha pretendido una inserción laboral, esto no ha sido siempre así en el caso de las mujeres.

En el campo de la diversidad funcional es muy importante el trabajo a favor de la mejora de la autoestima y el autocuidado, y también la realización de una educación que desarrolle en las personas en la mayor medida posible su capacidad de toma de decisiones de manera autónoma. La autonomía personal en todas las dimensiones de la vida es el horizonte de desarrollo de cualquier intervención con personas con diversidad funcional.

CAPÍTULO III - METODOLOGÍA Y EDUCACIÓN PARA LA IGUALDAD: RECURSOS METODOLÓGICOS

1 ALGUNOS CONCEPTOS HABITUALMENTE CONFUSOS

1.1 *MÉTODO*

El "**método**" se refiere etimológicamente al "conjunto de pasos a seguir" en una determinada actividad. En este sentido, consideramos que denominar "método" únicamente a la secuencia concreta de desarrollo de una sesión de trabajo es un reduccionismo que no tiene en cuenta la importancia de la propia selección de objetivos o contenidos en el proceso pedagógico.

El método es un concepto polimórfico que adopta en su expresión múltiples formas, ya que está compuesto de diversas dimensiones. *"Es en realidad una síntesis práctica de opciones tomadas en variables de orden psicológico, didáctico y filosófico"*[17]. Dicho de otra forma, el método es *"el resultado de tomar decisiones sobre una serie de elementos que pueden ser tenidos en cuenta en los procesos de enseñanza-aprendizaje"*[18].

En este sentido, el método se apoya en lo que se ha llamado "fuentes del currículum", esto es, la perspectiva psicológica, pedagógica, sociológica y la concepción del contenido en la que nos situamos, además de en nuestra propia experiencia como educadores/as; y se concreta en la programación o planificación. Ahí es donde prevemos el curso de nuestro trabajo, esto es, donde definimos el "sistema" que vamos a utilizar para desarrollarlo.

Por eso, estamos definiendo el método que usamos cuando especificamos:

- Objetivos.

- Contenidos.

- Criterios metodológicos.

---

[17] Gimeno Sacristán (1981) **Teoría de la enseñanza y desarrollo del currículo.** Madrid: Anaya (p. 227)

[18] Cascante, C. (1989) *Diseños para la acción y la investigación* en AA.VV. **Desarrollo curricular y formación del profesorado.** Gijón: Cyan (p. 102)

- Actividades de enseñanza aprendizaje.

- Medios y recursos.

- Evaluación.

1.1 *METODOLOGÍA*

Denominaremos "**metodología**" a las secuencias metodológicas concretas orientadas hacia el aprendizaje, que se caracterizan por definir una serie de pasos concretos para las sesiones de trabajo o las sesiones formativas. El ABP, los proyectos o los talleres pueden considerarse metodologías.

La metodología, en ese sentido, es una parte del método que tiene como función facilitar la consecución de los objetivos planteados en torno a unos contenidos determinados con un grupo de personas concreto. Por ello, la definición de la **metodología concreta** a utilizar ha de considerar diferentes variables:

1. Los *objetivos* que se proponen. Será diferente la metodología que planteemos para conseguir objetivos de carácter cognitivo que objetivos actitudinales, por ejemplo.

2. Las propias características del *contenido*. Hay contenidos que requieren un mayor nivel de abstracción y contenidos de carácter más práctico. Sería un error proponer la misma metodología o la misma secuencia de aprendizaje para ambos tipos de contenido.

3. Las características de las *personas* a las que se dirige: su nivel de conocimientos previo, su estilo de aprendizaje, su nivel sociocultural, su motivación, etc. Normalmente, no será la misma la metodología que empleemos con niños que con adultos, con trabajadores manuales que con estudiantes universitarios.

4. El *contexto* en el que se desarrolla el proceso formativo. No es lo mismo un proceso universitario que un proceso pastoral, ni el contexto de una comunidad cristiana es el mismo que el de un aula de clase. Pero en todos ellos se pueden desarrollar procesos formativos.

5. Las propias características del *educador/a*. La educación siempre es un proceso interactivo, y las características del/laeducador/a son relevantes para definir la metodología concreta a utilizar. Hay educadores/as que logran muy buenos resultados con una determinada metodología que, para otros/as, puede ser muy difícil de trabajar. Si bien este no es el criterio definitivo, y hemos de procurar la mayor flexibilidad posible

para trabajar con diferentes metodologías, es un elemento que puede también matizar la selección.

1.2 *LOS CRITERIOS METODOLÓGICOS*

El conjunto de decisiones tomadas en el método, sin embargo, sí determina algunos criterios que es preciso tener en cuenta en la selección de la metodología concreta para cada proceso formativo que se desarrolle. Denominaremos a estos criterios "**criterios metodológicos**", ya que, sin llegar a definir una metodología concreta, consideramos que han de ser tomados en cuenta a la hora de elegir la secuencia metodológica que vamos a utilizar en un proceso determinado. Son criterios o principios orientadores de la acción, que se pueden concretar de diversas maneras. Son criterios o principios que los educadores/as utilizan en su práctica concreta para tomar decisiones concretas en la elaboración de estrategias pedagógicas o didácticas adaptadas a la realidad concreta de los destinatarios y a los contenidos y objetivos que se proponen para los diferentes niveles y módulos.

1.3 *LAS ACTIVIDADES DE ENSEÑANZA-APRENDIZAJE*

El paso del método a la práctica se da a través de las actividades de enseñanza-aprendizaje. Esto es, la acción pedagógica concreta. La actividad de enseñanza-aprendizaje es la unidad mínima de la acción educativa. Es la secuencia concreta que se desarrolla y en la que se combinan los criterios metodológicos en función de unos determinados objetivos y contenidos para unos destinatarios concretos. Desarrollamos su diseño y desarrollo posteriormente.

1.4 *TÉCNICA*

Las técnicas pedagógicas son una unidad aún menor que las actividades de enseñanza aprendizaje. Son casi "habilidades" del/a educador/a, herramientas concretas que utiliza para desarrollar su trabajo, para programar las actividades de enseñanza-aprendizaje o para facilitar su desarrollo una vez en marcha. Todos tenemos un amplio repertorio de técnicas, muchas de ellas personales. Las habilidades de diálogo, relación, escucha, asertividad, son técnicas que el formador o aún más el animador utiliza cotidianamente.

Existen algunas técnicas más estructuradas que son "socializables", esto es, que pueden servir a muchos formadores o animadores. Son secuencias concretas que facilitan la expresión y la comunicación, vivir una experiencia personal o grupal o adquirir o aprehender nuevos contenidos. Aquí entran todas las llamadas técnicas de dinámica de grupos, pero también los juegos virtuales, algoritmos o heurísticos o diferentes estrategias de presentación de contenidos y aprendizaje.

La diferenciación entre una técnica y una metodología tiene que ver con el papel que juegan en el proceso de enseñanza-aprendizaje. Un taller, por ejemplo, puede ser una metodología si se utiliza sistemáticamente como manera principal de trabajar; pero también puede utilizarse como una técnica al lado de otras técnicas.

Es interesante dotarse de un repertorio amplio de técnicas y comprenderlas, a fin de poder utilizarlas en el momento oportuno, pero es más importante aún tener una visión global y sistemática del proceso en su conjunto a fin de aprovecharlas adecuadamente. Dicho de otra forma, si, como profesor, sé qué quiero transmitir y comprendo la forma de aprender que tienen mis alumnos, siempre encontraré una técnica adecuada; sin embargo, puedo conocer infinidad de técnicas y no lograr un buen proceso si parto de supuestos equivocados acerca de la forma de aprender de mis alumnos o no sé contextualizar la técnica en el proceso.

Se pueden clasificar la mayor parte de las técnicas que se utilizan en procesos educativos formales y no formales en los siguientes grupos:

- ***Presentación de contenidos.*** Hay diversas técnicas de presentación de contenidos apoyadas en la teoría de la asimilación cognoscitiva de Ausubel, en la teoría de la elaboración o en el análisis de tareas.

- ***Entrenamiento***. Existen técnicas netas de entrenamiento de habilidades, especialmente de destrezas corporales, pero también de estrategias cognitivas. Cada disciplina cuenta normalmente con un cierto grupo de técnicas contrastadas a través de la experiencia para el aprendizaje de los procesos y estrategias más necesarias para esta disciplina.

- ***Modificación de conducta.*** Todo el conjunto de técnicas de premios y castigos estructurados tanto para la modificación de una conducta concreta como establecidos como sistemas generales de incentivos en el aula o en un determinado contexto. La economía de fichas es un ejemplo de estas técnicas.

- ***Desarrollo personal y grupal***. Son técnicas que pretenden favorecer el conocimiento y la maduración psicológica personal y grupal. Suelen ser herramientas creadas por la psicología clínica que pueden ser utilizadas para el apoyo de los procesos personales y grupales. Normalmente no es fácil conocer las emociones, sentimientos, deseos y posibilidades que hay en nosotros. Este tipo de técnicas, favorecen que la persona examine y profundice en algún aspecto concreto de su personalidad o su momento vital.

- *Participación*. Hay muchas técnicas que tienen como objetivo favorecer la participación de las personas, facilitar que expresen su palabra o que dialoguen sobre algunos temas. Se pueden aplicar a casi todos los temas, a veces como forma principal de trabajarlo o, las más, como forma de motivarlo o analizarlo en mayor profundidad. Existen muchos juegos participativos, de cartas o tablero, que tratan diferentes temas educativos, y es relativamente sencillo construirlos. Se utilizan mucho en la educación popular.

- *Simulaciones o experienciales*. Hay técnicas y dinámicas que lo que hacen es "simular" una situación de forma que los participantes puedan experimentar lo que sucede en ella y analizarlo desde la experiencia. Algunas de ellas son el rol playing, donde las personas simulan una determinada situación como si la estuvieran viviendo; los juegos cooperativos; el psicodrama o las técnicas que se apoyan en expresión o sensaciones corporales.

- *Técnicas de transición y motivación.* Hay algunas técnicas que podríamos denominar "colchón", que sirven fundamentalmente para crear un clima en el grupo que favorezca el trabajo y el diálogo. Así, las innumerables técnicas de presentación, las técnicas de distensión, los juegos, las canciones, etc.

- *Narrativas y representativas.* La "narración", contar algo ligado a la vida, es un recurso de aprendizaje muy importante, por su capacidad motivadora y porque nuestra principal fuente de aprendizaje es "lo que pasa". Nos es más fácil aprender de una historia que de un análisis de conceptos abstractos. Así, el teatro, los cuentos, las fábulas, las canciones, la música, son elementos muy adecuados para profundizar en diferentes temas. Y no hay nada que se pueda decir que no se pueda narrar... aunque es cierto que es más largo narrarlo que expresarlo conceptualmente, y el análisis conceptual es también importante para fijar los aprendizajes y extraer de la narración su riqueza.

2 RELACIONES DE COMUNICACIÓN

En la medida en la que la educación es un fenómeno social, interpersonal, donde se produce un proceso de cambio por la mediación de otras personas, es un fenómeno esencialmente comunicativo. Todo acto educativo es un acto comunicativo, y es preciso considerarlo desde esta perspectiva. Cómo se da este proceso de comunicación determina los tipos de métodos y qué elementos y valores potencia. Como señalaba McLuhan, "el medio es el mensaje".

Para analizar y orientar las relaciones de comunicación que se establecen en el ámbito educativo hemos de tener en cuenta los siguientes aspectos:

- La estructura y elementos de la comunicación.

    o Monopolar por parte del emisor y el receptor (una comunicación entre dos personas).

    o Multipolar por parte del emisor y monopolar por parte del receptor (varias personas que se dirigen a una sola, o una sola persona recibe información de múltiples fuentes).

    o Monopolar por parte del emisor y multipolar por parte del receptor (una persona que se dirige a un grupo)

    o Multipolar por parte del emisor y del receptor (varias personas que se dirigen a varias personas, o varias personas reciben información de múltiples fuentes)

    Las dos primeras situaciones recogen procesos de enseñanza individualizados, donde se ajusta la comunicación a cada persona.

- La dirección de la comunicación, que puede ser unidireccional (con papeles de emisor y receptor fijos y permanentes) o bidireccional, permitiendo la reciprocidad y el intercambio de roles. Si esto se da en un contexto grupal, es preciso valorar la flexibilidad para que todos los miembros del grupo se conviertan en emisores o receptores sucesiva o simultáneamente.

- El contenido de la comunicación. Nos remitimos a lo planteado en el tema 3 respecto a la importancia de los contenidos del proceso de enseñanza aprendizaje. Hacemos notar únicamente la importancia de este contenido para determinar el estilo de comunicación que se establece.

- El control de la comunicación. ¿Quién controla los procesos comunicativos? ¿Quién tiene el poder para incidir en ellos? ¿Quién decide la estructura?

- Las características de los emisores. El emisor de la comunicación puede ser una persona, pero también los libros de texto, y, actualmente, los diferentes medios tecnológicos. Es importante ser consciente de que un texto on line, o un juego on line, sigue conteniendo un proceso de comunicación al cuál el medio dotará de unas características particulares.

3 ACTIVIDADES DE ENSEÑANZA-APRENDIZAJE

3.1 *DISEÑO*

La máxima concreción de un proceso educativo, el lugar donde se concretan, cristalizan, donde se realizan efectivamente las decisiones tomadas en el método, es el diseño de las actividades de enseñanza-aprendizaje. Las actividades de enseñanza-aprendizaje son situaciones y tareas diseñadas para producir aprendizaje en el alumnado. Para diseñarlas es preciso tener en cuenta algunas cuestiones:

- Dónde se sitúan en el proceso de enseñanza-aprendizaje en el que estamos inmersos. Esto es, cuál es su lugar en el conjunto del proceso. Esto viene definido por el objetivo concreto (específico, propio de la actividad) al que responden y cómo este se enlaza con otros objetivos, de manera secuencial o simultánea, para contribuir al logro de los objetivos generales. Por lo tanto, para diseñar una actividad de enseñanza-aprendizaje es preciso definir su/s objetivo/s y cómo se relacionan éstos con los objetivos generales del proceso.

- Cuál es el contenido específico de aprendizaje de esta actividad y cómo engancha con los conocimientos o habilidades previas del alumnado.

- Cuál es el interés que puede despertar la actividad en el alumnado. Esto es, qué capacidad motivadora tiene la actividad y cómo se va a procurar estimular esa motivación en caso necesario.

- Cuáles son las tareas implicadas para el desarrollo de la actividad para cada uno de los intervinientes en el proceso y cómo se enlazan; cuál es el "ritmo" de la actividad. Esto es, qué corresponde al/a educador/a, a cada participante individualmente, a los grupos, si acaso, etc.

- Qué técnicas pueden utilizarse en el desarrollo de la actividad.

- Qué medios y recursos se necesitan para su desarrollo.

- Cómo se va a evaluar si la actividad realmente sirve para el objetivo que se propone y el resultado obtenido por la misma.

Por otra parte, en el diseño de las actividades de enseñanza aprendizaje en el contexto de la educación formal es de suma importancia que se tenga en cuenta la necesidad de atender a la diversidad del alumnado. Desde esta perspectiva, será preferible que las actividades estén estructuradas de manera que permitan el trabajo conjunto durante el mayor tiempo posible y que al mismo tiempo faciliten la existencia de tiempos y actividades diversificadas para el alumnado que necesita actividades específicas.

Habrá que contemplar, así, actividades comunes que trabajan los objetivos a los que todos/as pueden acceder y actividades diversificadas para atender a los objetivos de base que el alumnado con menor nivel de competencia curricular necesita trabajar. Los objetivos y contenidos diseñados se deben traducir en actividades comunes o específicas.

En muchos casos será necesario contemplar momentos concretos donde el alumnado con necesidades educativas especiales trabaja en el aula o fuera del aula habilidades concretas que necesita. Sin embargo, se trata de que las actividades comunes sean en sí mismas flexibles y polivalentes, de manera que puedan ser aprovechadas adecuadamente desde los diversos puntos de partida del alumnado. Para ello, son preferibles las actividades que:

- Permitan un alto grado de autonomía del alumnado, que facilite que cada uno/a las desarrolle utilizando sus propios recursos y realizándolas en un grado adecuado a su nivel de competencia curricular.

- Sean polivalentes, esto es, que permitan diversos desarrollos en función del nivel de competencia curricular del/la alumno/a. Esto es, actividades que puedan realizarse satisfactoriamente de manera más guiada y en un nivel menor pero que, al mismo tiempo, permitan que aquellos/as que tienen un mayor nivel de competencia curricular puedan realizar a través de ellas tareas de mayor complejidad.

- Sean variadas, esto es, que utilicen diferentes estímulos e incorporen diferentes estrategias, de manera que permitan a cada uno/a de los/as alumnos/as avanzar en sus áreas débiles apoyándose en sus áreas fuertes. La utilización de diversos estímulos (lectura, dibujo, imágenes, sonidos, etc) junto con la posibilidad de diversos desarrollos permitirá una mejor adaptación de la actividad a las necesidades de cada alumno/a.

En el diseño de las actividades de enseñanza-aprendizaje, hay que tener en cuenta que hacer todos/as lo mismo no es siempre la mejor ni la única manera de hacer algo juntos/as, y que hacer cosas diferentes – o de diferente manera - no significa que el proceso de aprendizaje no sea compartido.

En el diseño de las actividades de enseñanza-aprendizaje tendrá una importancia capital la organización de las relaciones en el grupo-clase. La manera de integrar diferentes procesos en un proceso conjunto es a través del aprendizaje cooperativo, descubriendo la pertenencia al grupo no en la uniformización (a través de hacer todos lo mismo), sino en la complementariedad y la aportación desde la diferencia.

4   LOS RECURSOS COMO ELEMENTOS MEDIADORES

Por último, resulta obligado mencionar la importancia de los medios y recursos para el desarrollo de los procesos educativos. Nada puede realizarse sin algún tipo de recursos, si bien muchas cosas se pueden hacer con muy distintos tipos de recursos.

Los recursos aparecen en dos momentos diferentes en el proceso de planificación. Por una parte, son, en gran medida, puntos de partida que determinan las posibilidades de un determinado proceso. Pero también pueden aparecer como consecuencias de una planificación determinada realizada para lograr unos objetivos. En realidad, podemos planificar partiendo de los recursos y permitiendo que los objetivos estén condicionados por ellos o planificar partiendo de los objetivos e incorporando como necesidad de la planificación la consecución de los recursos.

En la práctica se suele funcionar de forma intermedia. Esto es, los recursos condicionan en cierta medida los objetivos y el conjunto del proceso educativo, pero siempre hay un cierto margen para la consecución de los recursos en función de las necesidades, o es posible condicionar el desarrollo de la planificación al logro de los mismos.

Por lo demás, es importante tener en cuenta que contamos siempre con dos tipos de recursos:

- Humanos. Es importante tener en cuenta que dentro de éstos caben:

    o Profesionales.

    o Voluntariado; personas a las que se puede pedir colaboración desinteresada.

    o Lxs propixs educandxs pueden ser consideradxs como recursos humanos en el desarrollo del proceso, y así lo hacemos cuando, por ejemplo, trabajamos de forma cooperativa.

- Materiales. Dentro de estos cabe señalar:

    o Financieros o económicos, que de hecho sirven para conseguir el resto de los recursos.

    o Infraestructuras

        ▪ propias del programa.

        ▪ disponibles en la comunidad.

    o Material fungible necesario para el desarrollo de actividades.

    o Material propiamente didáctico, emisor de contenidos.

        ▪ Libros de texto o de consulta.

        ▪ Juegos didácticos.

        ▪ Medios audiovisuales y tecnológicos:

            • Infraestructura tecnológica (ordenadores, grabadores, pizarra digital, etc)

            • Software didáctico.

La introducción de las Tecnologías de la Información y la Comunicación (TIC) ha supuesto una gran ampliación de los medios disponibles para procesos formativos. Recordando que "el medio es el mensaje" (hasta cierto punto), es importante tomar conciencia de la incidencia y la necesidad de utilizar este tipo de recursos, dado que es un lenguaje necesario actualmente en nuestra sociedad y que abre una serie de posibilidades de acceso a la información, así como que estimula una serie de habilidades y valores. Pero también es preciso recordar que se trata de medios que es preciso analizar y utilizar razonablemente en función de los objetivos del proceso educativo, sin permitir que su utilización se convierta, en la práctica, en el objetivo de la educación ni esperar que su introducción resuelva mágicamente problemas de la educación que, en realidad, nada tienen que ver con ellos. Dicho esto, hay que tener en cuenta que ofrecen, especialmente, posibilidades muy interesantes para personas con discapacidades y, especialmente, abren vías de futuro para la personalización de la educación en la medida en la que facilitan un gran acceso a recursos variados.

Capítulo IV - DISEÑO Y PLANIFICACIÓN DE INTERVENCIONES SOCIOEDUCATIVAS PARA LA IGUALDAD

1 LA PLANIFICACIÓN EN LA INTERVENCIÓN SOCIOEDUCATIVA

1.1 *EL PARA QUÉ DE LA PLANIFICACIÓN*

La didáctica es la disciplina que estudia y orienta los procesos de enseñanza-aprendizaje. Puede considerarse una ciencia, en tanto en cuanto estudia estos procesos, como una técnica prescriptiva, en tanto en cuanto dicta normas para su buen desarrollo, y como un arte, en tanto en cuanto incorpora un elemento de creatividad e intuición propios de las relaciones y el desarrollo humano. Como en toda disciplina que incorpora una dimensión técnica, la reflexión teórica ha de concretarse en unas determinadas maneras de hacer. Y, en este caso, en el que el sujeto que reflexiona es el mismo ser humano objeto de la educación, la relación entre la teoría y la práctica es más compleja.

La práctica educativa es la que es objeto de reflexión y la teoría que de ella emerge es debe contrastarse a través de la práctica educativa. No es posible ni deseable disociar la función del ejecutor, técnico, del teórico. Es posible realizar reflexión teórica acerca de la educación sin estar personalmente involucrado/a en la tarea educativa, aunque siempre será preciso apoyarse en los datos obtenidos en esa tarea. Pero realizar la tarea educativa sin simultáneamente involucrarse en algún tipo de reflexión teórica es incompatible con realizar una labor educativa de calidad, además de que convierte al/a educador/a en un instrumento ciego de intereses ajenos a él/ella y a los/as educandos/as.

Imaginemos ahora que somos responsables de obras públicas y queremos encargar un puente a un ingeniero. Él escucha atentamente nuestros requerimientos y nos dice que no hay ningún problema, que él se encargará de hacerlo. Nosotros, lógicamente, le pedimos que nos dé un presupuesto y planos de la obra, pero nos encontramos con que nuestro ingeniero nos dice que no, que para qué, que ya se verá, que cómo nos va a decir antes lo que va a hacer, que esto es una cuestión artística, que si no confiamos en él... que ya irá haciendo en función de lo que se encuentre, ¿qué sabe él si va a haber una fuente, o cómo es el terreno, o si metidos en harina va a querer usar un material u otro? Ninguno contrataríamos a ese ingeniero, si tenemos un poco de responsabilidad y sentido común. Pensaríamos, con razón, que no tiene idea de lo que piensa hacer. Sin embargo, oímos sin inmutarnos por todas partes que la exigencia de planificar en educación es meramente una exigencia burocrática.

La cuestión de fondo es que la elaboración de una programación didáctica que realmente ayude al trabajo del profesorado requiere una reflexión pedagógica profunda y es más compleja de lo que se suele suponer. La programación didáctica es el reflejo verbalizado de una práctica que no siempre está reflexionada, y precisamente sirve como instrumento para reflexionarla y formularla. La enseñanza es una actividad práctica, de interacción, en la que el/la profesor/a moviliza una serie de recursos para lograr un objetivo, que es el aprendizaje del alumnado. La educación, en sentido amplio, es una práctica, una acción, tan presente en la vida de todas las personas que está incorporada como una actividad intuitiva, no reflexionada. Lo que distingue la práctica profesional de la educación es precisamente la pretensión de realizar estos procesos intuitivos y relativamente espontáneos de forma reflexionada, sistemática y planificada, de modo que se puedan adoptar las mejores estrategias para lograr los mejores resultados.

Formular, sistematizar y explicitar una intuición es realmente una tarea difícil. El comportamiento intuitivo, que incluye muy diferentes niveles de percepción y de análisis, es muy rico, pero muy individual y muy poco generalizable. Es también un estilo de trabajo "ciego": sé que esto resulta y elijo esto, pero no sé bien por qué resulta ni puedo contrastarlo con otras alternativas. Actuamos sin saber por qué actuamos así, y esto no nos permite aprender más que por ensayo y error. Formular, formalizar, sistematizar la práctica, aunque resulta una tarea difícil, ofrecer la gran ventaja de que nos permite analizar por qué determinada estrategia resulta más eficaz que otra, y mejorar, por tanto, la práctica. Al mismo tiempo, esta sistematización y formalización permite compartir el conocimiento y poder transmitirlo a otras personas, así como someter nuestras previsiones de actuación a contraste y validación por parte de otros/as. Y, por último, reflexionar sobre qué pretendemos hacer y cómo pretendemos hacerlo nos ayuda a tener en cuenta variables que, de otro modo, pasaríamos por alto y que pueden ayudarnos a buscar estrategias mejores para lograr el objetivo que pretendemos.

En intervención socioeducativa la planificación es el mejor y casi el único instrumento de que disponemos para orientar y sistematizar una práctica compleja. La planificación es la mediación entre la teoría y la práctica educativa, es el instrumento que nos permite concretar los supuestos de los que partimos de modo más o menos implícito en una secuencia ordenada y coherente que nos permita alcanzar los objetivos que nos planteamos. Nadie se enfrenta a una situación de aprendizaje sin tener, de manera más o menos implícita, una programación. Pero la calidad de la programación expresa el nivel de reflexión del o la formadora, que, si bien no es el único elemento que determina la calidad de su intervención, es un elemento que contribuye en una medida importante a ella. "Lo oscuramente formulado, oscuramente pensado": es difícil que se dé una buena calidad en la práctica si no hay capacidad de formularla; y, por otra parte, cualquier práctica será susceptible de ser mejorada con un adecuado nivel de reflexión.

Así pues, la planificación en intervención socioeducativa cumple diversas funciones:

- Permite **orientar la práctica** de manera consciente, ayudando al/la profesor/a a tener presentes en el curso de su acción didáctica un conjunto amplio de elementos, y reduciendo la tendencia a que sean las circunstancias (la respuesta de el alumnado, las temáticas o metodologías que personalmente domina mejor, los textos de apoyo, etc) las que orienten en la práctica su acción, corriendo el riesgo de olvidar elementos importantes para el buen desarrollo del proceso de aprendizaje.

- Es expresión del **pensamiento del/a formador/a**, y, al mismo tiempo, le ayuda a enriquecerlo, haciendo surgir preguntas, ayudando a buscar soluciones creativas y alternativas a los diferentes problemas, detectando las lagunas existentes en sus previsiones y tomando conciencia de los diferentes recursos con los que cuenta para solucionar las diferentes situaciones involucradas en el proceso de enseñanza-aprendizaje.

- Sirve de **referencia para evaluar** la adecuación de los supuestos de partida y las estrategias de aprendizaje, detectando las inconsistencias y favoreciendo la generación de alternativas a través del contraste entre la teoría y la experiencia.

- Permite **compartir estrategias** y propuestas para el desarrollo del proceso de enseñanza-aprendizaje con otros profesionales.

1.2 *MODELOS DIDÁCTICOS Y MODELOS DE PLANIFICACIÓN*

Podemos definir un modelo como una representación esquemática de la realidad. Tanto para analizar la realidad como para intervenir sobre ella, los seres humanos necesitamos codificarla y simbolizarla, estableciendo categorías que nos permitan delimitar lo que en la realidad es un continuo. Construimos modelos para poder hacernos una representación a escala de lo que está sucediendo en la realidad. Tanto las ciencias llamadas humanas o sociales como las ciencias naturales funcionan siempre con modelos.

Ningún modelo agota de forma exhaustiva toda la realidad. Siempre tiende a simplificarla, ya que su función es permitirnos manejar conceptualmente una realidad excesivamente compleja. Por eso existe diversidad de modelos, ya que cada uno de ellos pone de relevancia especialmente algunos de los elementos que configuran la realidad en detrimento de otros, y los agrupan de forma diferente. Esta selección ya es una determinada perspectiva que, como ya hemos señalado, lleva implicadas opciones que se sitúan en el campo ético, ideológico y de los valores.

En la planificación y evaluación educativa los modelos hacen de mediadores entre la teoría y la práctica. La educación es un proceso complejo, y todos los elementos que intervienen contribuyen a configurarla. La elección de los modelos o los enfoques utilizados en la práctica de la programación y de la evaluación explicita los presupuestos teóricos de los que se parte y orienta, intencionada o inintencionadamente, el propio proceso educativo que se realiza.

Todo proceso de educación se estructura en un programa, sea este del nivel de profundidad, complejidad y calidad que sea. Puede ser únicamente un formulario rellenado a fin de obtener financiación, o incluso un folleto de publicidad, pero estructura objetivos, contenidos, tiempos, espacios, medios y roles determinados. La educación formal cuenta con diversos modelos de planificación y evaluación, normalmente orientados según las orientaciones educativas oficiales y según la formación recibida por los profesores, pero la diversidad es mucho más amplia en la educación no formal ya que responde a programas en sí mismos muy heterogéneos. El tipo de programa condiciona, lógicamente, el modelo de planificación.

Los casos más típicos de programas podríamos caracterizarlos como sigue:

- Programas de educación formal, en los que suele haber una gran homogeneidad de destinatarios (a pesar de la incorporación de la atención a la diversidad) y objetivos:

    o Educación infantil, destinada a niños y niñas menores de 6 años y que se caracteriza por una enseñanza globalizada, donde el acento es la adquisición de los prerrequisitos para el aprendizaje, el desarrollo social y de habilidades y actitudes generales, así como la generación de hábitos escolares. Cuentan principalmente con un/a educador/a, si bien pueden participar especialistas.

    o Educación primaria, centrada en las denominadas materias instrumentales y hábitos de aprendizaje y trabajo intelectual. Comparten con la educación infantil que el ritmo de la enseñanza lo lleva un profesor/a tutor/a, con el concurso de profesores especialistas.

- o Educación secundaria obligatoria y bachillerato, cuyo eje son las materias específicas, en la que participan un conjunto variado de profesores/as especialistas.

- o Formación profesional, orientados y globalizados hacia el desarrollo de las competencias necesarias para ejercer una profesión concreta, más ligados al mundo del trabajo.

- o Educación universitaria, donde el acento está en el contenido, si bien la incorporación del plan de Bolonia pretende incorporar en la educación universitaria otro tipo de métodos, así como la orientación competencial característica de la formación profesional.

- **Programas de educación no formal**, con una población más heterogénea y entre los que podemos distinguir:

- o Vinculados al **desarrollo comunitario y la animación sociocultural**, que tiene como referente la comunidad y en la que los procesos no van tanto dirigidos a los individuos como al grupo social que constituyen, aunque estén integrados por diferentes actividades formativas que individualmente sirven para el desarrollo personal de cada uno de los destinatarios.

- o Vinculados a la **educación especializada en marginación**, donde el referente es la persona concreta, que pueden integrar cursos y acciones explícitamente formativas en un contexto de acompañamiento y reinserción social (programas educativos con personas privadas de libertad, drogodependientes, hogares tutelados, centros de menores, etc).

- o Estrictamente **formativos** que adoptan el modelo "curso" (con objetivos, contenidos, profesorado, tiempos y espacios determinados) en un ámbito determinado (Universidades Populares, programas de formación cultural en centros sociales o municipales, formación del voluntariado, formación de miembros de cualquier tipo de organización. Incluimos la formación profesional permanente que se desarrolla en las empresas o fuera de ellas, pero no la formación profesional reglada).

Como hemos señalado, cada modelo didáctico privilegiará unos u otros elementos en función de su particular concepción de la educación. Sin embargo, en este momento podemos señalar algunos elementos generales presentes en la inmensa mayoría de los modelos didácticos de una u otra manera:

- **Fundamentos** - El proceso educativo estará orientado en función de los planteamientos previos del educador, de la institución y de la sociedad en la que se desarrolla. Estos planteamientos previos incluyen la escala de valores que orienta el proceso educativo, que, a su vez, es fruto de la concepción antropológica, social y educativa a la que se adhiere el educador. No siempre se explicitan, y en los programas de educación formal suelen darse, erróneamente, por supuestos y asumidos confundiéndose con los deseos del legislador.

- **Diagnóstico de la realidad** - Para conocer el «punto de partida» es preciso analizar lo mejor posible la realidad concreta con la que se va a trabajar, aprovechando los aportes de las ciencias humanas y realizando un análisis concreto del grupo de destinatarios y/o el contexto en la que se va a desarrollar el proceso educativo.

- **Objetivos** - El proceso educativo está orientado por metas que se alcanzan a través de diferentes pasos. Existe una estructura de objetivos que se define a partir de diferentes fuentes. Hay objetivos que son necesarios como punto de partida para lograr objetivos de mayor nivel, es preciso secuenciarlos de forma adecuada.

- **Contenidos** - Los objetivos se pueden referir a muchas cosas: conseguir actitudes, conocimientos, experiencias. Pero siempre incluyen un contenido, que será la actitud que se quiere desarrollar, el conocimiento o la experiencia.

- **Actividades** - Los objetivos, los contenidos y los planteamientos previos se concretan en unas actividades que se llevan a cabo a lo largo del proceso. Vinculadas a ellas está la **metodología** y los **medios** y **recursos**.

- **Evaluación** – Análisis sistemático de la acción realizada, que permite valorar el punto de llegada, que se convierte en el punto de partida del siguiente paso.

Los diferentes tipos de programas dan mayor o menor relevancia a cada uno de estos elementos, como se muestra en el siguiente cuadro:

	Programas vinculados al trabajo social	Programas de educación especializada	Programas de formación académica
Diagnóstico previo o análisis de la realidad	Alta relevancia	Relevancia media	Baja relevancia
Destinatarios	El grupo o la comunidad	Los individuos	Los individuos
Objetivos	En términos de repercusión social	En términos de inserción social de los individuos	En términos de aprendizajes
Contenidos	Baja relevancia	Baja relevancia (proceso más vinculado a cuestiones actitudinales)	Alta relevancia
Actividades	Alta relevancia	Relevancia media	Baja relevancia
Metodología	Dinamización comunitaria	Relación interpersonal	Procesos didácticos
Medios humanos	Vinculando a la comunidad (profesionales y voluntarios)	Profesionalización (en ocasiones incorporando el voluntariado)	Profesionales de la educación
Recursos materiales	Alta relevancia	Alta relevancia	Baja relevancia (suelen venir dados)
Organización	Mínima	Mínima	Máxima
Evaluación	Centrada fundamentalmente en el programa	Centrada en los individuos y en la eficacia del programa.	Centrada principalmente en los aprendizajes de los individuos.

1.4 UNA PROPUESTA DE ESQUEMA MAESTRO PARA LA PLANIFICACIÓN EDUCATIVA

Conscientes de la relatividad de cualquier modelo de planificación, pero también de la necesidad de utilizar modelos coherentes y comprehensivos, así como fáciles de integrar y mantener como referencia en diferentes situaciones, vamos a proponer un esquema maestro inspirado en la estructura que proponen Arrieta, Cascante y Rozada (1989).

Si utilizamos la metáfora del árbol, podemos pensar que en todo hecho o acción educativa hay tres grandes niveles: las raíces (que están ocultas, pero sostienen, fundamentan y "explican" la realidad del árbol), el tronco (que establece las líneas generales, la forma general del árbol y goza de una alta estabilidad) y las ramas y hojas, que están determinadas y son expresión del conjunto del árbol, pero tienen una mucho mayor variabilidad en función de las circunstancias (la estación del año, el agua, el sol, el viento, las podas) sin que haya cambios en la identidad del árbol. De igual manera, podemos considerar que en todo proceso de enseñanza/aprendizaje existen tres grandes niveles que deberemos tener en cuenta a la hora de explicitarla:

- **Fundamentación** (las raíces). Se trata de señalar los presupuestos o las cuestiones subyacentes, que normalmente son poco explícitos. Las ideas de fondo sobre la escuela, el niño/a, el ser humano, la práctica educativa... Por ejemplo:

    o   Contexto social

    o   Contexto institucional o escolar

    o   Teorías del aprendizaje

    o   Teorías de la enseñanza

    o   Fundamentos antropológicos

    o   Valores y opciones subyacentes.

- **Método o sistema general de trabajo** (el tronco). La planificación interna del/la profesor/a que guía la práctica, esto es, las grandes líneas de fondo que se concretarán en actividades variables en la realidad de la práctica educativa en función de la realidad de los destinatarios y la propia evolución de la actividad. Incluye estos o similares elementos a nivel de planteamientos generales.

    o   Objetivos

    o   Contenidos

    o   Tipología de actividades

    o   Criterios metodológicos

    o   Temporalización global

- Medios y recursos.

- Evaluación.

- **Desarrollo de la programación** (las ramas y hojas). La concreción de esta planificación en actividades concretas que se llevan a la práctica en el aula. En este nivel se trata de explicitar la forma de desarrollar cada una de las unidades en las que se organiza el programa (unidades didácticas, actividades, proyectos, etc) de la manera más pormenorizada posible, replicando el esquema anterior para cada una de las unidades con el máximo nivel de concreción.

La coherencia de la planificación explícita, y su fidelidad a lo que sucede en el aula o en la práctica educativa, nos dan la medida de su veracidad. Una buena planificación refleja la unidad existente – siempre – entre los tres niveles. En la medida en la que algunas de las cuestiones existentes en alguno de ellos o en todos quedan sin explicitar, se van produciendo incoherencias y saltos inconsistentes de un nivel a otro o del conjunto de la programación que la hacen inútil como instrumento de trabajo del profesor/a o educador/a.

2 FINALIDADES Y OBJETIVOS EN INTERVENCIÓN SOCIOEDUCATIVA

2.1 *LAS FINALIDADES DE LA INTERVENCIÓN SOCIOEDUCATIVA*

Las grandes finalidades de la educación son, en buena medida, permanentes y suscitan un consenso general, tanto ahora como a lo largo de la historia. Es difícil no estar de acuerdo en que la educación ha de servir para que las personas y la sociedad se desarrollen adecuadamente, a pesar de que algunas personas o tendencias puedan hacer mayor hincapié en lo personal o en lo social. Pero donde realmente empiezan los desacuerdos es cuando tenemos que definir en qué consiste la mejora o el desarrollo personal y social, esto es: cuando debemos concretar las finalidades genéricas en finalidades parciales, dado que en ese momento nos vemos obligados a manifestar qué es lo que consideramos prioritario en el desarrollo de la persona y en la sociedad, lo que significa formular el modelo de persona y modelo de sociedad que propugnamos.

Históricamente, no siempre ha habido preocupación por concretar las finalidades de la educación o de una acción educativa determinada de una manera más concreta. Normalmente la concreción de estas finalidades era bastante evidente: de manera explícita, escuelas y universidades pretendían que el alumnado aprendieran algunas destrezas (lectura y escritura, cálculo, oratoria y retórica) y que adquirieran algunos conocimientos, normalmente de manera memorística; por su parte, los gremios pretendían el aprendizaje de las destrezas de un oficio determinado que variaban muy poco en el tiempo. Siempre ha existido lo que luego se denominaría "currículum oculto", esto es, una serie de intenciones educativas no explícitas ni siquiera para el profesorado, que tienen que ver con la reproducción social y con la comunicación de actitudes y hábitos necesarios en esa determinada sociedad para su conservación, pero las intenciones educativas explícitas eran bastante sencillas y conocidas por todos.

La complejización de la sociedad, junto con la introducción de la escolarización obligatoria hizo que históricamente se multiplicaran las finalidades que se atribuían al sistema educativo. Por otra parte, el desarrollo científico y tecnológico hizo pensar que la educación también podía ser planificada según el método científico-tecnológico, lo que hacía necesario, en primer lugar, explicitar las intenciones educativas para poder acometer la planificación. Vamos a señalar tres hitos en la evolución de la formulación de las intenciones educativas: la programación por objetivos, la perspectiva crítica a la enseñanza por objetivos y la introducción del concepto de las competencias, que después desarrollaremos en más profundidad.

a) Pedagogía por objetivos

A principios del siglo XX se comenzó a hablar de lo que se llamó movimiento científico en educación. Según Eisner (1967, en Gimeno Sacristán y Pérez Gómez: 1989), este movimiento se apoya en las teorías psicológicas (Thorndike, Judd, Watson) que concebían la mente como algo compuesto de una variedad de facultades intelectuales; facultades que podían reforzarse con un adecuado entrenamiento. En 1918, Franklin Bobbit publicó **The Curriculum**, y en él explica la importancia y el sentido de los objetivos en la planificación racional, científica, de la enseñanza:

"La teoría central es sencilla. La vida humana, muy diversificada, consiste en realizar acividades específicas. La educación que prepara para la vida es la que prepara para estas actividades específicas de modo adecuado y definido. Estas, aunque sean numerosas y diversas para las diferentes clases sociales, pueden ser descubiertas. Ello requiere introducirse en el mundo de los problemas y descubrir las peculiaridades de los mismos. Ellos mostrarán las capacidades, hábitos, apreciaciones, y las formas de ocnocimiento que los hombres necesitan. Estos serán los objetivos del currículo. Serán numerosos, definidos y particularizados. El currículo constará entonces de esa serie de experiencias que la infancia y la juventud deben tener como medio de conseguir dichos objetivos" (Bobbit: 1918).

Siguiendo esta perspectiva, los objetivos llegaron a ser tan numerosos que resultaron inoperantes. Pero a partir de finales de la década de los 40 se volvió a retomar la importancia de los objetivos educativos y su formulación, en buena parte debido al interés de la sociedad y la administración de EEUU por evaluar la educación y sus resultados. Así, otra serie de autores, de los que tal vez Tyler pueda considerarse como el más representativo, insistieron en la necesidad de una planificación científica de la educación guiada por los objetivos, en lo que ha venido a denominarse como pedagogía por objetivos. Se trataba de formular con la mayor claridad posible objetivos en términos operativos que reflejen lo que se desea conseguir al final de la instrucción, esto es, los resultados del proceso de enseñanza-aprendizaje. Este sería el primer paso de la planificación educativa, a partir de la cuál, apoyándose en los conocimientos pedagógicos, se diseña todo el proceso educativo. Pero para esto, en este planteamiento, resulta fundamental que los objetivos estén formulados en términos de conducta, y, por tanto, observables.

Si hasta entonces los contenidos habían sido las guías de la programación, ya que se entendía que de lo que se trataba era de transmitir una serie de conocimientos, fundamentalmente de tipo cognitivo, con el desarrollo de la pedagogía por objetivos el eje de la programación se desplazaba hacia el tipo de actividades psicológicas que se realizaban: comprender, explicar, identificar, etc; aplicables a diferentes contenidos.

Proliferaron entonces las taxonomías que pretendían situar cuáles eran estas actividades psicológicas que se debían aplicar a los diferentes contenidos, y se proponían, por tanto, como guía para la elaboración de objetivos. Así, simplemente el/la profesor/a debía preguntarse: respecto a esta materia, ¿qué es lo que debe hacer el alumno/a? y seleccionar una de las actividades que le ofrecía la taxonomía. La taxonomía con mayor difusión fue la de Bloom, que originalmente se planteó no como taxonomía de objetivos, sino como un trabajo con la intención de mejorar la elaboración de pruebas de evaluación de aprendizajes (Gimeno, 2008:24). Esta taxonomía establece tres ámbitos de objetivos: cognitivo, afectivo y psicomotor, y en cada uno de ellos una serie de tareas psicológicas que se pueden desarrollar:

- Cognitivo

    - Conocimiento

    - Comprensión

    - Aplicación

    - Análisis

    - Síntesis

    - Evaluación

- Afectivo:

    - Percepción

    - Respuesta

    - Valoración

    - Organización

    - Actuación

- Psicomotor:

    - Familiarización

    - Fundamentación

- o Desarrollo

- o Ajuste y adaptación.

- o Percepción

Así pues, la planificación de la enseñanza, desde la perspectiva de la pedagogía por objetivos, consistía en formular adecuadamente los objetivos en relación a un contenido dado; deducir correctamente la secuencia de actividades que nos puede llevar a conseguirlo y evaluar la consecución de los objetivos. Para ello los objetivos debían estar formulados en términos inequívocamente evaluables.

Como ventajas de la programación por objetivos se señalan las siguientes (McDonald-Ross: 1973, en Gimeno Sacristán y Pérez Gómez: 1989):

- Constituyen el único método bien elaborado de programación racional en educación.

- Animan a los educadores a pensar en términos precisos y específicos al programar.

- Estimulan a los educadores a explicitar los valores que estaban ocultos.

- Proporcionan una base racional para la evaluación.

- Prescriben la elección de medios instructivos.

- Constituyen las bases de un sistema que se puede automejorar.

- El sistema alcanza eventualmente la consistencia interna.

- El sistema realiza en la práctica los fines que establece en la teoría.

- Los objetivos sirven como medio de comunicación.

- Los objetivos pueden ser la base de una instrucción individualizada.

La pedagogía por objetivos tuvo y continúa teniendo una gran incidencia en la práctica educativa; de hecho, durante años la referencia de la programación ha sido qué tipo de verbos cabía usar para elaborar objetivos y si los objetivos resultaban ser suficientemente operativos. Pero también ha sufrido numerosas críticas, que veremos en el próximo punto.

Críticas a la pedagogía por objetivos

A partir de mediados de la década de los 60 comenzaron a oirse voces discordantes a l modelo imperante de la pedagogía por objetivos. De hecho, los objetivos han estado en el centro de un debate más amplio, referido a la teoría curricular y a la propia definición del currículo. En este movimiento crítico aparecen diferentes grupos de pensamiento y de teorías curriculares, entre las que cabe destacar el empirismo conceptual y el reconceptualismo. Tienen en común la crítica a la pedagogía por objetivos y a una concepción eminentemente tecnocrática de la educación.

Lo que está en el centro del debate en lo referido a los objetivos no es la propia existencia de los mismos – si bien algunos autores los cuestionan o prefieren utilizar otra terminología para definir las intenciones educativas – sino el énfasis puesto en la pedagogía por objetivos y la perspectiva tecnológica respecto a la necesidad de que los objetivos se formulen en términos conductuales. El argumento principal es que si hemos de limitar las intenciones educativas a aquello que podemos medir y evaluar de acuerdo con el método científico, dejaremos fuera de la educación una gran cantidad de aspectos y desarrollos importantes para el ser humano, pero que no pueden ser medibles con tanta precisión, ni se pueden obtener inequívocamente a través de un método. Si nos quedamos sólo con lo que podemos formular en términos de objetivos conductuales, la enseñanza, la educación, llega un punto en el que no supera la mera instrucción y se hace irrelevante.

La crítica es seria y fundamentada. Eisner (1967, en Gimeno y Pérez: 1989) la desarrolla de la siguiente manera:

- Los resultados de la educación son mucho más numerosos y complejos que lo que se puede formular en los objetivos educativos. El aprendizaje sólo es predecible en una mínima parte, las variables que intervienen en él demasiadas como para poder ser objetivadas y medidas, y la cantidad de caminos y resultados posibles innumerables. Pretender que todo sea previsible puede llevar a dificultar las mejores prácticas educativas.

- Los propios contenidos de la educación imponen límites a los objetivos. Estos, entendidos en términos de conductas medibles, sólo pueden ser útiles en situaciones donde hay una única respuesta correcta o una única conducta deseada. Pero, ¿cómo formular en términos de conductas medibles los objetivos que se desean en el arte, o en materias donde se procura buscar respuestas creativas e innovadoras? ¿Cómo se puede pretender que los objetivos predigan aquello cuya primera característica es ser impredecible?

- No todos, ni siquiera la mayoría de los resultados del proceso de enseñanza-aprendizaje son fáciles de medir, y menos de manera cuantitativa. Y el exceso de peso en objetivos evaluables cuantitativamente pueden hacer bascular la enseñanza hacia aspectos que tal vez no son los resultados más importantes de la educación. Tal vez lo que se puede medir no es lo más importante.

- No es cierto que el profesorado se plantee explícitamente el objetivo antes de seleccionar una actividad. Muchas veces el profesorado se plantea más fácilmente "qué voy a hacer" que "qué estoy intentando conseguir", y esto permite que se aprovechen para el aprendizaje actividades que tal vez no se hubieran planteado desde un planteamiento purametne de objetivos. Psicológicamente los objetivos no son siempre el primer paso.

McDonald (1973, en Gimeno y Pérez: 1989) abunda en estas críticas señalando, además, otros matices: los objetivos terminan por ser ambiguos o irrelevantes, las dificultades y las interacciones en la construcción de las pruebas de evaluación, la ambigüedad en los propios items de un test, la dificultad de alcanzar el adecuado nivel de especificidad en los objetivos para las actividades complejas... Para que los objetivos alcancen el nivel de especificidad y estructuración que se requiere, terminan siendo tantos que se hacen inmanejables... McDonald resume así sus objeciones a los objetivos conductuales:

- No existe un enfoque consistente sobre el origen de los objetivos.

- En el campo educativo no se dispone de ninguna prescripción bien definida para derivar objetivos.

- La definición de los objetivos, previa al desarrollo de la acción, entra en conflicto con la actitud exploradora.

- Sus defensores no muestran cómo pueden los profesores usar los objetivos ante situaciones inesperadas en el aula.

- Existe un número extraordinariamente amplio de caminos dentro de cualquier cuerpo de conocimientos, lo que reduce la efectividad de los objetivos en la programación.

- En algunas disciplinas sólo se pueden aplicar criterios para categorizarlas después de que ha transcurrido la acción.

- Los objetivos no determinan la validez de los ítems en las pruebas de evaluación.

- Los objetivos son inevitablemente ambiguos.

- El problema del nivel de especificidad no se ha podido resolver.

- Los objetivos no sirven para comunicar las intenciones sin ambigüedad, por lo menos a los estudiantes.

- Los objetivos triviales son los más fáciles de operacionalizar, y esto es un problema.

- Se puede cuestionar la relevancia de los modelos de educación referidos a objetivos.

- La debilidad de la prescripción hace necesario el feedback. Y esto es costoso.

- Las listas de conductas no representan adecuadamente la estructura del conocimiento.

- El uso de objetivos conductuales implica un modelo pobre en la interacción profesor-alumno.

- El esquema de objetivos de conducta se ve afectado por las debilidades del dogma operacionalista.

Son muchos más los autores que han hecho críticas serias a la pedagogía por objetivos. En nuestro país, Gimeno Sacristán, en 1986, publica La pedagogía por objetivos: obsesión por la eficiencia. Del resto de los autores sólo mencionaremos a Stenhouse, que llega a hacer una propuesta alternativa a los objetivos con los **principios de procedimiento**. Estos se plantean como estrategias para la acción, que definen el fin educativo para el que se establecen, especifican criterios de actuación y de decisión y hacen referencia a la actividad del docente, en vez de a lo que los estudiantes tendrán que mostrar o alcanzar (Blanco: 1994). Esta propuesta de los principios de procedimiento no ha llegado a sustituir a los objetivos, al menos de una forma generalizada, pero Arrieta (1989) rescata el interés de utilizar principios de procedimiento, pero desde la perspectiva de la metodolgía, dado que estos principios de procedimiento funcionan precisamente como criterios de actuación del profesorado ante situaciones inesperadas en el aula.

Hecha la excepción de la propuesta de Stenhouse — que de hecho no pretende eliminar la formulación de las intenciones educativas, sino denominar a esta formulación de otra manera — las críticas a la pedagogía por objetivos no pretenden ni defender la ausencia de programación educativa ni hacer desaparecer los objetivos de la misma. Son críticas que se dirigen a una manera de entender los objetivos rígida, de corte conductista, que limitan los fines de la educación a las cuestiones directamente observables. Las alternativas que proponen, por lo tanto, van más en la línea de plantear los objetivos de una manera más abierta y flexible. Así, Eisner los denomina "objetivos expresivos", centrados en la identificación de la tarea que se va a desarrollar y en la generación de un ambiente de aprendizaje. Y otras perspectivas sitúan los objetivos como formulación de las intenciones del/a educador/a de manera amplia y en términos de horizontes. Los objetivos pueden ser concebidos como guías para la acción, horizontes amplios que indican la dirección a seguir, pero que no predeterminan el punto de llegada, entre otras cosas porque probablemente el punto de llegada no sea el mismo para todas las personas involucradas. La formulación que la LOGSE – y posteriormente la LOE – hace de los objetivos educativos se sitúa en esos parámetros.

Esta concepción abierta de los objetivos educativos va ligada a una concepción del ser humano como plural, divergente, diverso y original, y de la educación como estímulo a un desarrollo y conocimiento siempre original y personalizado, mientras que la concepción de los objetivos educativos prescriptivos manifiesta una concepción del ser humano y el conocimiento más lineal y uniforme. Pero la discusión no acaba aquí, porque ahora nos hemos encontrado con las competencias educativas como una propuesta que no está claramente definido si es alternativa o complementaria a los objetivos educativos.

b) Competencias

En los últimos años, la discusión sobre los objetivos ha sido eclipsada por la introducción de un término que no se hallaba presente en los diferentes esquemas de planificación educativa: las competencias. Los defensores del término afirman que, si bien se trata de un término que ha sido usado en mayor medida en el ámbito profesional (Cabrerizo et al., 2008: 72), ha estado también presente en el discurso educativo desde la segunda mitad del siglo XX, proveniente de distintas disciplinas: la competencia lingüística de Chomsky (lingüística), la competencia cognitiva de la que hablaba Piaget, la competencia cultural que mencionaba Levi-Strauss, la competencia de los miembros de un grupo de Garfinkel y la competencia comunicativa de Dell Hymes (sociolinguistica) (Moya et al., 2011: 17). Estos autores ligan también el discurso pedagógico sobre las competencias a una tradición progresista, que utiliza lo que Bernstein denominó como modelo de competencia, preocupado por el desarrollo personalizado de los/as educandos/as, frente a una tradición conservadora que utilizaría un modelo de actuación, centrado en los logros. Sin embargo, estos autores dan un salto no justificado al deducir implícitamente que el uso de lo que Bernstein denominó "modelo de competencia" implique la utilización del constructo que se ha venido a denominar "competencias" como eje y referencia en la planificación educativa. Denominar a un conjunto de prácticas educativas y a una tendencia dentro de la teoría de la educación "modelo de competencia" no implica que los/as profesionales/as que se pueden considerar adscritos/as a ese modelo utilicen el constructo "competencias" para programar, y mucho menos que la utilización de ese constructo convierta la práctica educativa en progresista.

Hay dos orígenes en la introducción de las competencias en el discurso y, sobre todo, en la legislación educativa, ambos de la mano de los organismos internacionales. Periódicamente, la UNESCO, la OCDE y, posteriormente, los organismos de la Unión Europea, hacen valoraciones y evaluaciones sobre los sistemas educativos de los diferentes países, acompañadas de recomendaciones para su mejora y desarrollo. Además de la necesaria generalización y la falta de concreción de estos análisis, es importante tener en cuenta qué organismo lo realiza, dado que no todos los organismos internacionales tienen los mismos objetivos. La Unesco es la Organización de las Naciones Unidas para la Educación, la Ciencia y la Cultura, mientras que la OCDE es la Organización para la Cooperación y el Desarrollo Económico. No es preciso explicar más para comprender que ambos organismos tendrán diferentes perspectivas al hablar de la educación.

Las vías de introducción del término "competencias" en el discurso y la legislación educativa han sido las siguientes:

- Desde la OCDE – Entre 1996 y 2000, la OCDE desarrolló el proyecto DeSeCo (Definition and Selection of Competences) con la intención de *desarrollar un esquema de referencia para la evaluación e indicadores de competencias que puedan ser relevantes para satisfacer las necesidades de información que tienen los administradores"* (DeSeCo, 2003). El proyecto desarrolló, así, una propuesta de competencias que tenía como intención servir para la evaluación del desarrollo de la educación en los diferentes países y la toma de decisiones subsecuente.

- Desde el Consejo de Europa – Entre las tareas de la Unión Europea se encuentra la de generar marcos comunes que permitan aunar y contrastar las políticas locales, a fin de poder impulsar el desarrollo de la Unión. En Lisboa, en 2000, el Consejo Europeo se plantea el objetivo para el año 2010 de que la Unión Europea se convirtiera *"en la economía basada en el conocimiento más competitiva y dinámica del mundo, capaz de crecer económicamente de manera sostenible con más y mejores empleos y con mayor cohesión social"*. Para ello, estableció diversas recomendaciones. Es en este contexto en el que se introduce el concepto de competencias clave o básicas (key competences), utilizado en la Recomendación del Parlamento Europeo y del Consejo de 18 de diciembre de 2006 sobre las competencias clave para el aprendizaje permanente. Así pues, la competencia se introduce desde la Unión Europea como un instrumento para definir la política curricular de la UE, valorándolo como un concepto útil para establecer esta política de manera común a diferentes países y culturas con contenidos curriculares necesariamente diferentes. Este sentido de la introducción de las competencias es una diferencia importante con el proyecto DeSeCo de la OCDE (Gimeno Sacristán, 2009).

En la legislación española, las competencias se introducen a través de la LOE en la educación primaria y secundaria y en la Universidad con el Plan Bolonia. Previamente ya se habían introducido en la Formación Profesional en la definición de los ciclos formativos.

Mientras que el sentido educativo de la palabra objetivos es bastante afín a su significado en el lenguaje común, la competencia en el campo educativo es un constructo más difícil de definir, dada la polisemia de esta palabra en el lenguaje común. En el capítulo dedicado a este concepto intentaremos afinar mejor las diferentes definiciones que se dan de competencia. En esta primera mirada, concluiremos simplemente señalando que no hay claridad respecto a si las competencias se plantean como alternativas a los objetivos o como un concepto complementario a introducir en la programación. En ningún lugar se plantea suprimir la formulación de objetivos con la introducción de las competencias, pero, en la práctica, resulta complejo mantener tantos conceptos como referencias para la programación, hasta el punto de que hacer casar objetivos, contenidos, competencias y criterios de evaluación se convierte en una tarea titánica que deja poco espacio para pensar y trabajar cuestiones como la metodología y actividades en la enseñanza.

2.2 *LOS OBJETIVOS*

a) **Definición y función**

A pesar de todas las críticas que se han hecho a los objetivos de la enseñanza, estos siguen siendo un elemento primordial en la planificación y en la práctica de la enseñanza. Los objetivos son la explicitación de las finalidades de un determinado proceso o acción educativa. Y, como señala Avanzini (1977: 355, citado por Gimeno, 1988: 155), *"latentes o potentes, las finalidades constituyen el parámetro decisivo de la educación. El reglamento de los problemas específicos y la orientación misma de la investigación se subordinan a ellas"*.

La mayor parte de las críticas a los objetivos como elemento educativo se refieren a dos aspectos que la pedagogía por objetivos de corte conductista ha ignorado: la dimensión de valor de los objetivos y la necesidad de aceptar como objetivos educativos cuestiones que no son directamente cuantificables. Esto es, las críticas se dirigen fundamentalmente a una perspectiva de la educación que, so capa de objetividad y eficacia, realmente opta por unos determinados valores no explícitos y por una visión del ser humano y de la educación como elemento dentro de una cadena de producción, reduciéndolo a sus conductas y acciones e ignorando la riqueza de procesos (afectivos, creativos, relacionales, volitivos incluso) que lo constituyen en un ser siempre original, en buena medida imprevisible y capaz de autodeterminarse dentro de unas limitaciones. Asi pues, el problema no está en el establecimiento de objetivos en la planificación educativa – que sigue siendo un requisito para una práctica educativa transparente y reflexionada –, sino en qué objetivos y cómo los establecemos.

Como señala Gimeno (1988: 158), la perspectiva conductista interpreta que a un objetivo propuesto debe existir un resultado del aprendizaje, en una relación unívoca. Entonces, como señalan los críticos a la pedagogía por objetivos, hay poco que podamos señalar como objetivo garantizando que sólo existe un resultado. Sin embargo, es más cercana a la realidad y más coherente con la realidad es el hecho de que un objetivo propuesto puede dar como resultado diferentes situaciones en función de la realidad del/a alumno/a. Desde esta perspectiva, *"el objetivo propuesto es una guía orientadora del proceso didáctico y del aprendizaje que lleva a la consecución por parte del alumno de un resultado peculiar para cada uno de ellos, de acuerdo con los antecedentes del sujeto, su estructura mental, el medio del que procede, el proceso de aprendizaje que ha seguido, del propio proceso didáctico"* (Gimeno, 1988: 158). Por eso, los objetivos se pueden definir (en esta óptica de proceso abierto) como *"orientaciones sobre el camino a seguir, que tienen muy diversas ramificaciones y estados terminales para los distintos sujetos"* (Gimeno, 1988: 158).

La formulación de los objetivos, comprendidos en este paradigma abierto, precisamente son la mayor garantía de explicitación de los valores que guían la práctica educativa. Por otra parte, esta perspectiva acepta sin contradicción la existencia de múltiples resultados del aprendizaje y la incorporación de los diferentes resultados del aprendizaje.

Intervención socioeducativa para la igualdad

Objetivos[19]

	Intencionales	No intencionales
Medibles	A	B
No medibles	C	D

Objetivos

Gimeno, 1988: 159

Gimeno propone algunas dimensiones clave en los objetivos (Gimeno, 1988: 160-170):

- Explicitación de los objetivos y su preeminencia. Aunque pueda parecer una obviedad, el hecho es que existen prácticas de enseñanza donde los objetivos son más bien implícitos, y hay que tener en cuenta también que muchos de los objetivos que se consiguen en la práctica de la enseñanza no son ni siquiera conscientes, y a veces, ni siquiera deseados. Es necesario, por tanto, hacer un esfuerzo para explicitar objetivos implícitos y para reconocer los resultados no esperados de la acción educativa.

- El contenido de los objetivos, que orienta la acción didáctica. En función del contenido será preciso desarrollar un tipo u otro de acción educativa, una determinada forma de hacer, un tipo de actividades, una manera de evaluar. Para eso se intentan utilizar las taxonomías, que pueden ser útiles como guías para estructurar estrategias didácticas, pero hay que utilizarlas con conciencia de sus limitaciones, su parcialidad y su carácter orientativo y relativo, así como de los juicios de valor implícitos en la elaboración de una determinada taxonomía.

- La fuente de decisión de los objetivos. ¿Quién decide los objetivos? Esto es, ¿quién decide las finalidades de una determinada acción educativa, quién está legitimado para hacerlo? En casi cualquier acción educativa hay diversas fuentes de decisión:

---

[19] Gimeno los denomina objetivos, pero probablemente sería más propio referirse a resultados del aprendizaje: algunos son intencionales y previstos, mientras que otros son "no anticipados" o no previstos. Si no son previstos ni intencionales… difícilmente se pueden considerar objetivos.

la sociedad a través de la institución educativa, el profesorado como mediadores, con un cierto grado de autonomía, y las propias personas que aprenden. Dar mayor o menor espacio a la capacidad de las personas que aprenden de definir los objetivos define diferentes estilos educativos.

- La individualización de los objetivos. Los objetivos, ¿son los mismos para todas las personas que participan en una acción educativa o son diferentes? ¿Qué capacidad de adaptación de los objetivos existe? Esto es, los objetivos, ¿tienen en cuenta la diversidad natural y real que se da en las aulas y en cualquier grupo humano, o pretenden homogeneizar esa diversidad obligando a unos/as a limitar su desarrollo, a otros/as a ir más allá de lo que pueden y a otros/as a cambiar su estilo de pensamiento?

- El nivel de abstracción de los objetivos, también denominado "grado de generalidad". Cuanto más complejos o generales, o abstractos, sean los objetivos, más caminos diferentes habrá para alcanzarlos; cuanto más concretos, será más sencillo concluir cuál ha de ser la estrategia, pero más limitado será el aprendizaje pretendido. Es importante comprender y formular adecuadamente en qué nivel de generalidad nos movemos con cada uno de los objetivos que se plantean.

- La secuenciación de los objetivos. Si se supone que unos objetivos han de servir de base para lograr otros más complejos, es necesario secuenciarlos. Una secuenciación rígida supone que el aprendizaje se da siempre e inevitablemente de forma aditiva y que esos son los componentes — y en ese orden — de la adquisición de la habilidad o el concepto complejo. Esto no suele ser así, dada la variedad de estilos de aprendizaje y de puntos de partida del alumnado; sin embargo, esto no quiere decir que no tenga sentido ningún tipo de orientación respecto a qué capacidades se consideran necesarias para adquirir otras. Sin embargo, la apertura y flexibilidad del diseño curricular en su conjunto será lo que determine si la secuenciación de objetivos se convierte en un corsé que impide el crecimiento o en un estímulo y orientación para el profesorado que impida que se intenten conseguir determinados objetivos sin prestar la debida atención al desarrollo de capacidades previas y necesarias para lograrlos.

Los objetivos educativos son un elemento relevante en cualquier modelo de planificación en educación. Expresan el hecho de que la educación tiene intenciones, propósitos, metas, finalidades; los objetivos concretan en cada contexto y acción educativa las grandes finalidades de la educación de servir al desarrollo de personas y de la sociedad. Sin embargo, tanto los contenidos de los objetivos como las diferentes maneras de formularlos y estructurarlos expresan opciones de valor y concepciones de la educación en el conjunto de la planificación y la práctica educativa.

b) Tipos de objetivos

Podemos plantear distintas clasificaciones de los objetivos educativos, en función de distintos criterios:

- En función de sus características y su intencionalidad, podemos hablar de:

  - Objetivos conductuales o cerrados, que definen con toda claridad lo que se pretende conseguir, y se proponen como referencia directa para la evaluación. Ejemplo: *Que el/la alumno/a resuelva correctamente ecuaciones de segundo grado.*

  - Objetivos expresivos o abiertos, que se proponen como horizontes o guías para la acción. No tienen por qué ser tan concretos ni directamente evaluables. La utilización de estos objetivos abiertos suele ir acompañada del establecimiento de criterios de evaluación y/o indicadores que sirven de referencia para esta. Ejemplo: *Comprender causas y consecuencias de hechos concretos de actualidad desde una perspectiva crítica teniendo en cuenta el contexto social, económico y cultural.*

- En función del sujeto que los formula, encontramos habitualmente:

  - Objetivos formulados desde la perspectiva del alumnado, que especifican lo que se pretende que el/la alumno/a consiga, esto es, cuyo sujeto gramatical es el alumno/a. Ejemplo: *Expresar las dificultades y temores personales ante el proceso de enseñanza-aprendizaje o que el/la alumno/a exprese las dificultades y temores personales con las que aborda el proceso de enseñanza-aprendizaje.*

  - Objetivos formulados desde la perspectiva del profesorado o de la institución, que expresan la intención con la que se realiza una actividad, que no se refiere directamente a una actividad de los/as educandos/as. Ejemplo: *Crear un clima de acogida que permita al alumnado manifestar sus dificultades ante el proceso de enseñanza-aprendizaje.*

- En función de su nivel de especificidad, se ha solido hablar de:

  - Objetivos generales, con el mayor grado de abstracción o generalidad. Ejemplo: *Adquirir una visión crítica de la realidad social, económica y cultural actual.*

  - Objetivos específicos, que concretan los objetivos generales. Ejemplo: *Comprender causas y consecuencias de hechos concretos de actualidad desde una perspectiva crítica teniendo en cuenta el contexto social, económico y cultural.*

  - Objetivos operativos, que se refieren a cuestiones concretas ligadas a la práctica y "operativizan" los objetivos específicos. Ejemplo: *Identificar en un hecho concreto de actualidad las personas y colectivos implicados, sus repercusiones inmediatas y su posible conexión con otros hechos simultáneos o antecedentes.*

  Respecto a esta clasificación, es muy importante recordar que es una clasificación relativa; esto es, los objetivos específicos lo son en función de la existencia de unos generales, y así sucesivamente. Por ello, puede suceder que lo que en un determinado contexto de planificación es un objetivo general sea un objetivo específico en otro contexto de planificación, y viceversa; y lo mismo sucede con los objetivos operativos. Por ejemplo, el objetivo general de un proyecto de educación para la igualdad o coeducación puede convertirse en un objetivo específico si ese proyecto formara parte de un plan más amplio de prevención de la violencia de género. Por ello, en muchos casos resulta más práctico denominar los objetivos en referencia al programa en el que se sitúan más que de manera absoluta.

- En relación con el área, ámbito o nivel, podemos encontrar tantos tipos de objetivos como áreas o ámbitos se planteen en el proyecto. Así, en la LOE encontramos finalidades del sistema educativo y de cada una de las etapas, y en los decretos de enseñanzas mínimas, objetivos para cada una de las áreas de contenido, y se menciona la competencia de los centros docentes para desarrollar el currículo por ciclos, lo que es de suponer que incluye la formulación de objetivos para estos períodos.

c) Diseño y evaluación de objetivos

A pesar de la ausencia de una norma común para la formulación y evaluación de los objetivos educativos, podemos señalar algunas cuestiones generales de consenso que son importantes a la hora de diseñarlos y valorarlos:

- La claridad en la formulación. Por obvio que parezca, no está de más señalar que un punto de partida importante es que los objetivos estén clara y correctamente redactados. En primer lugar debe comprenderse lo que se quiere decir – lo que se quiere conseguir – con un nivel de concreción adecuado a la realidad de la que se está hablando. De igual manera, es preciso guardar una coherencia en la redacción, manteniendo de forma constante el punto de vista que se adopta (sujeto) y la formulación de forma pasiva o activa.

- La relación y la coherencia que existe entre los distintos niveles y secuencias de objetivos. Si bien no se pretende la exhaustividad, imposible (o, al menos, inoperante) en la compleja realidad de la educación, sí es importante que exista una relación lógica entre los objetivos que se plantean en conjunto, y especialmente cuando se estructuran en niveles. Al formular los objetivos de nivel superior e inferior se está presuponiendo que la consecución de los objetivos de nivel inferior, ligados a las actividades, deben facilitar o permitir la consecución de los más generales, y eso debe mostrarse lógicamente con claridad.

- La relación con las actividades y los puntos de partida. Los objetivos deben guardar relación coherente con las actividades que los desarrollan y con el diagnóstico que se haya hecho de la realidad del alumnado.

Si los objetivos se conciben como prescriptivos para la enseñanza, deberán explicitar en la mayor medida posible las tareas involucradas en el proceso. Pero si se conciben como guías orientadoras de la acción, también se puede valorar que es bueno que existan diferentes niveles de pistas que desglosen las grandes orientaciones, si bien siempre en referencia a aquellas y dando prioridad a los niveles superiores. En todo caso, la coherencia y la claridad son los dos valores principales para la evaluación y diseño de objetivos educativos.

2.3 *LAS COMPETENCIAS*

a) Definición, sentido y características de las competencias educativas

El término "competencia" tiene distintas acepciones en el lenguaje común: autoridad o poder para, capacidad, competición, cualificación, incumbencia, suficiencia, efectividad, destreza, habilidad... (Gimeno et al., 2009; Moya y Luengo, 2011, Cabrerizo et al., 2008). Esta polisemia del término se ha mantenido en su trasposición al campo educativo, donde se ha planteado como un constructo, un concepto de nuevo cuño que necesita ser definido. Y existen multitud de definiciones.

El proyecto DeSeCo propone una definición basada en dos perspectivas: una externa y otra interna: *"Vista desde fuera, una competencia puede ser definida como la habilidad que permite superar las demandas sociales o individuales, desarrollar una actividad o una tarea. Vista desde dentro, cada competencia es construida como una combinación de habilidades prácticas y cognitivas, conocimiento (incluyendo conocimiento tácito), motivación, valores, actitudes, emociones y otros componentes conductuales y sociales que hacen posible la realización de una determinada acción"* (OCDE, DeSeCo, citado en Moya y Luengo, 2011: 37).

Probablemente lo más evidente respecto al término "competencia", además de que es un conglomerado, es su dimensión de elemento evaluable, demostrable, de acción. De hecho, esa es la razón principal por la que se introducen las competencias en el campo educativo: para facilitar la evaluación y para ligar la educación a la práctica. El discurso sobre las competencias parece proponerse y defenderse frente a un sistema educativo demasiado teórico, poco ligado a la vida y poco práctico, poco capaz de preparar a los/as educandos/as para desempeñarse de acuerdo con las demandas de la sociedad. La competencia implica una acción demostrable, es una capacidad de desempeñarse en. Como para ejecutar una acción (que es el centro del interés, el objetivo real) se supone que es necesario tener una serie de conocimientos, motivaciones, actitudes, etc, el concepto de competencia se construye en torno a esa acción y a toda la constelación de prerrequisitos existentes para esa acción.

A pesar de la fuerza con la que se está proponiendo la introducción del término "competencia" como elemento educativo, no siempre se señalan claramente las ventajas que supone esta introducción. Podemos inferir las siguientes:

- Ayuda para superar los aprendizajes academicistas que no tengan una utilidad práctica. La definición de las competencias ayudaría a seleccionar los aprendizajes importantes en función de su utilidad práctica, de su participación para el desarrollo de una competencia determinada.

- Colaboran para construir un sistema educativo orientado hacia las necesidades sociales y del sistema productivo.

- Los defensores del término conciben las competencias como "poderes para la ciudadanía" en tanto en cuanto ayudan a profundizar en los conocimientos y habilidades que están en la base de una "competencia" determinada. Se trata de sustituir el "saber" por el "poder", un poder que implica un saber, pero el acento está en otorgar poder, esto es, "capacidad de acción". (Moya y Luengo, 2008)

Es evidente la perspectiva respecto a la educación y a la sociedad que están en la base de la introducción del término competencias, centrado en la eficacia y la funcionalidad. Pero, además de las objeciones que se puedan plantear por cuestiones de valor o junto a ellas, existen serias dudas acerca de la utilidad educativa de la introducción de las competencias en la planificación educativa. Gimeno Sacristán (2009) enumera las siguientes objeciones en forma de 10 tesis:

- El lenguaje no es inocente, y centrar el discurso educativo en las competencias supone centrar el pensamiento educativo en la funcionalidad.

- Todo lo que sabemos tiene un origen, y el origen está vinculado a la evaluación desde una perspectiva económica.

- De la evaluación de resultados tangibles de un proceso no podemos extraer la guía para su producción en la educación.

- La ruta europea hacia la implantación del lenguaje acerca de las competencias tiene su particular historia.

- La competencia ya no es un concepto preciso, lo que dificulta – para empezar – la comunicación.

- Si no hay acuerdo respecto a qué son las competencias, será imposible que lo haya respecto a cuántas y cuáles son.

- Hoy carecemos de la competencia generatriz de las competencias; esto es, de la competencia de desarrollar competencias en los educandos.

- La utilidad de la propuesta no está garantizada por proceder de organismos gubernamentales, intergubernamentales o internacionales.

- A veces, se generan problemas técnicos artificiales que ocultan otros reales.

- Las fuentes del buen saber y del buen hacer no se han secado y no deberíamos hacer apostasía de ellas eligiendo otras verdades en las que creer.

En síntesis, podemos señalar algunas críticas de fondo a la introducción del término competencias:

- Es dudoso que la introducción del término mejore el esquema hasta la fecha vigente de objetivos y contenidos, especialmente si se tiene en cuenta el enriquecimiento que supuso la distinción entre contenidos cognitivos, actitudinales y procedimentales. Más bien parece que contribuye a enturbiar y complicar la formulación sencilla de las intenciones educativas.

- Centrar la educación en las competencias puede provocar los mismos problemas y la misma reducción del concepto de educación que la insistencia en los objetivos conductuales, potenciando los aprendizajes pragmáticos y relegando otro tipo de aprendizajes reflexivos, con una aplicación práctica más lejana, pero que desarrollan dimensiones del ser humano no orientadas directamente a la productividad.

- No parece que el concepto de competencia vaya asociado a ningún tipo de varita mágica o estrategia o conocimiento educativo nuevo que contribuya efectivamente a la mejora de la práctica educativa. La cantidad de energía que supone formar a los docentes para introducir un concepto que no se puede valorar que aporte mejora real a la práctica educativa – si es que aporta algún tipo de mejora – es una distracción respecto a los problemas reales de la educación, que obliga de nuevo a entretenerse en una discusión terminológica de escaso contenido real.

Por último, mencionaremos que no está claro si las competencias se proponen como alternativas a los objetivos, a los contenidos o a ninguno de ellos. Las competencias, como constructo, puede que estén más cercanas al concepto de contenidos (cognitivos, actitudinales, procedimentales; esto es, conocimientos, motivación, habilidades) que al de objetivos, pero se proponen como alternativa más bien a los objetivos. Está claro que las competencias se plantean como las finalidades de la educación, pero queda la duda de si pueden funcionar con la misma flexibilidad y eficacia que los objetivos para orientar la acción educativa cotidiana.

b) Cuáles son las competencias básicas

El problema en la definición de las competencias se manifiesta cuando se pretende llegar a un acuerdo respecto a cuáles son las competencias básicas, esto es, aquellas competencias necesarias para todo ser humano. Hay dos definiciones de carácter internacional, la propuesta por DeSeCo y la propuesta por la Unión Europea.

DeSeCo establece nueve competencias básicas, agrupadas en tres áreas o ámbitos de la vida humana:

- Actuar autónomamente.

    o Habilidad para defender y afirmar sus propios derechos, intereses, responsabilidades, limitaciones y necesidades.

    o Habilidad para definir y desarrollar planes de vida y proyectos personales.

    o Habilidad para actuar dentro de grandes escenarios y contextos amplios.

- Usar herramientas de forma interactiva.

    o Habilidad para usar, interactivamente, un lenguaje, símbolos y textos.

    o Habilidad para usar, interactivamente, el conocimiento y la información.

    o Habilidad para usar, interactivamente, las tecnologías.

- Actuar en grupos socialmente heterogéneos.

    o Habilidad para relacionarse bien con otras personas.

    o Habilidad para cooperar.

    o Habilidad para dirigir y resolver conflictos.

Las competencias planteadas en la Unión Europea son las siguientes:

- Comunicación en lengua materna.

- Comunicación en lenguas extranjeras.

- Competencia matemática y competencias básicas en ciencia y tecnología.

- Competencia digital.

- Aprender a aprender.

- Competencias sociales y cívicas.

- Sentido de la iniciativa y espíritu de empresa.

- Conciencia y expresión cultural.

En España, el Ministerio de Educación ha definido como sigue lo que se consideran competencias básicas para nuestro sistema educativo, esto es, para nuestros ciudadanos:

- Competencia en comunicación lingüística.

- Competencia matemática.

- Competencia en el conocimiento y la interacción con el mundo físico.

- Tratamiento de la información y competencia digital.

- Competencia social y ciudadana.

- Competencia cultural y artística.

- Competencia para aprender a aprender.

- Autonomía e iniciativa persona.

Lo que resulta obvio es que no existen unas competencias definidas que resulten obvias, aunque evidentemente hay cuestiones presentes en todas las clasificaciones. Pero hay otros aspectos que se destacan y otros que se ocultan en todas o en las diferentes clasificaciones. Sin embargo, si estamos hablando de lo que todo ser humano necesitaría desarrollar, ¿no sería necesario que lo tuviéramos absolutamente claro? Si eso no es posible, tal vez sea mejor tomarlo simplemente como referencia relativa y contextual.

En la legislación española las competencias han entrado de lleno, pero aún de una manera diferente en distintos niveles de la enseñanza.

- En la enseñanza primaria y secundaria se plantean como referencia global para cada una de las materias, que a su vez tienen objetivos.

- En la Formación Profesional las competencias sustituyen a los objetivos generales de los ciclos formativos, pero cada uno de los módulos (asignaturas) especifica sus objetivos.

- En la Universidad, con el Plan Bolonia, las competencias sustituyen a los objetivos de las asignaturas.

c) Qué supone programar por competencias

Más allá de las críticas que se pueden hacer al concepto de competencias, el hecho es que son un elemento presente en la legislación educativa y es preciso incorporarlas en la programación. Depende de cómo se consideren, será preciso integrarlas en la programación de una u otra manera.

- Si se aceptan las competencias como referente directo de la programación, sería preciso realizar las siguientes tareas:

  - Definir las competencias que se pretende conseguir que adquieran los/as educandos/as (definidas en la legislación).

  - Disociación de estas competencias en elementos constitutivos, para lo que es preciso hacer una inferencia.

  - A partir de ahí, sería necesario estructurar del programa en función de la estructura de competencia. Coherentemente, debería eliminarse del programa todo aquello que no contribuya directamente a la competencia.

  - Realizar una evaluación periódica del proceso de enseñanza-aprendizaje para medir en qué medida se van consiguiendo las competencias.

  - Aún si todo esto fuera posible de realizar con una cierta seguridad de acertar, persiste el problema de cómo personalizar el aprendizaje, esto es, cómo desarrollar las mismas competencias básicas en un alumnado que llega con muy diferentes grados de desarrollo de la competencia y tendrá un muy distinto ritmo de adquisición de la misma.

- Se pueden entender, por otra parte, las competencias como marco general a integrar en el conjunto de la programación. En este caso, será necesario:

  - Desarrollar una perspectiva global valorando las interacciones y las relaciones entre los objetivos, contenidos y competencias.

  - Buscar actividades adecuadas para responder al armazón de objetivos, contenidos, competencias y criterios de evaluación.

  - La introducción de tantos elementos en la programación siempre hace más fácil que, finalmente, la evaluación sea la guía real del aprendizaje, privilegiando, en la práctica, aquello que se va a evaluar y convirtiendo "superar la evaluación" en el objetivo real del proceso.

La opción más sensata parece ser aceptar las competencias como referentes orientadores del proceso, pero mantener la presencia de objetivos claros, formulados por el profesorado, que acoten y formulen sus intenciones educativas.

2.4 *Objetivos y competencias en la educación no formal*

a) La necesidad de expresar las finalidades en la educación no formal

La necesidad de formular las finalidades de la educación no se da únicamente en los procesos de educación formal. La realidad de los procesos de educación no formal, en muchas ocasiones con menor número de profesionales o con profesionales que no provienen del campo de la educación, en otras ocasiones con una fuerte carga de valor, hace que sea especialmente importante la formulación de las intenciones de los procesos que se desencadenan.

Normalmente la formulación de objetivos en la educación no formal sirve a las siguientes necesidades:

- Demanda administrativa. La mayor parte de los programas de educación no formal cuentan con financiación pública. La planificación de los programas, y la formulación de los objetivos de los mismos, es un requisito para el control y la supervisión de los financiadores.

- Orientación de la acción. Los objetivos sirven también para la orientación de la acción que se realiza, más que para la evaluación puntual. Como no hay una presión por la evaluación individual académica, normalmente tienen más preeminencia los objetivos más generales, de mayor alcance, de carácter social o grupal, y, por tanto, suele haber menor peso de objetivos conductuales.

- Sentido de las actividades. Los objetivos sirven también para ilustrar el sentido de actividades que, sin esa información, podrían servir para múltiples propósitos. Por ejemplo, la realización de una excursión será muy diferente si la intención que tenemos es ofrecer recursos para utilizar el tiempo libre para la prevención de otro tipo de conductas o si la intención es generar lazos de amistad en una asociación de vecinos.

Los contenidos de los objetivos en los programas de la educación no formal suelen tener más presentes aspectos menos tratados en los programas de educación formal, relativos a las relaciones, las actitudes, la afectividad, etc. Por otra parte, es muy frecuente que el referente de los objetivos no sean necesariamente las personas individuales sino el propio grupo o comunidad: estos programas no siempre pretenden el logro de resultados en los individuos sino generar determinadas condiciones grupales. Esto se manifiesta a veces en la propia redacción de los objetivos, y se hace necesario un esfuerzo de sistematicidad para clarificar quien es el referente de los objetivos en cada uno de sus niveles – y por tanto del programa – y cómo se expresa eso redaccionalmente. En ocasiones puede ser útil e incluso necesario diferenciar entre objetivos del programa (muchas veces más referidos al grupo o la comunidad) y objetivos para las personas.

b) ¿Objetivos o competencias?

A pesar de la importancia del desarrollo de competencias en las personas en muchos programas de educación no formal (pensemos, por ejemplo, en un programa de reinserción social de personas ex-toxicómanas), el lenguaje de las competencias no se ha introducido hasta la fecha de manera significativa en los programas de educación no formal. Esto no quiere decir que muchas veces el objetivo de estos programas no sea aumentar la competencia de las personas para diferentes aspectos de la vida.

Algunos criterios a tener en cuenta en la elaboración de objetivos en programas de educación no formal.

1. Es importante pensar siempre la referencia "amplia" del proyecto. Normalmente los programas de educación no formal tienen intenciones que van más allá del propio programa, si bien no pueden ser conseguidos únicamente a través del programa. Es preferible incorporar esa finalidad amplia como tal, porque ella orienta los objetivos del programa.

2. Diferenciar los objetivos según el sujeto de referencia de los mismos. Podemos encontrar fácilmente:

   a. Intenciones de generar espacios que permitan el desarrollo de determinadas dinámicas personales o grupales.

   b. Intenciones de generar una determinada dinámica o relación en el grupo.

   c. Intenciones de lograr determinados aprendizajes en los individuos.

Estos tres niveles no siempre pueden ser incorporados uno en otro, sino que se cruzan de una manera compleja. Todos pueden y en ocasiones deben ser formulados como objetivos, pero es importante diferenciarlos.

3. Muchos programas de educación no formal utilizan contenidos y actividades concretas, que implican aprendizajes, como soporte para otros aprendizajes que consideran de mayor importancia o rango. Así pues, hay programas de formación ocupacional para los que es más importante el desarrollo de hábitos que el aprendizaje del oficio concreto que se está trabajando; o programas de tiempo libre que hacen actividades de manualidades, o circo, cuyo objetivo real es prevenir la drogadicción. Cada una de esas esferas tiene sus objetivos, y todos son importantes, pero más importante es clarificar la estructura del programa y diferenciar unos objetivos de otros, a fin de que los educadores no pierdan de vista el sentido real de la actividad.

4. Depende del tipo de programa y de conducta, pueden ser más útiles objetivos conductuales o abiertos. Un programa de rehabilitación tenderá en la mayoría de los casos a plantearse, al menos en el nivel más bajo, objetivos puramente conductuales. De la misma manera, lo más lógico será que una asociación ecologista se plantee objetivos abiertos o expresivos con una gran libertad.

5. Los objetivos en los programas de educación no formal pueden jugar un gran papel para aunar criterios y conciencia en el equipo que ejecuta el programa. Es fácil que las personas se vinculen a actividades sin tener clara su intencionalidad profunda, por razones de menor nivel. Por eso, para que el programa realmente cumpla su función y no se quede en un nivel menor, es muy importante la formulación y la discusión en equipo de los objetivos. Más que la propia formulación, implica lo que esta obliga a dialogar y reflexionar en equipo sobre las intenciones particulares de cada uno y las que se pueden compartir y consensuar como equipo para el desarrollo del programa.

3   LOS CONTENIDOS EN LA EDUCACIÓN

3.1   *CÓMO DEFINIR LOS CONTENIDOS EDUCATIVOS*

A pesar de la aparente claridad con la que parecen diferenciarse los elementos educativos que estamos analizando (objetivos, contenidos, metodología, etc) no olvidemos que son sistematizaciones, ideas, constructos que extraemos convencionalmente (si bien desde un análisis lógico) de la realidad educativa, que es un todo. Por lo tanto, a pesar de que podamos señalar los objetivos, los contenidos, la metodología y la evaluación como cuestiones claras y distintas, indicando que los objetivos son el para qué, los contenidos el qué, la metodología el cómo y la evaluación la medición de resultados, cuando comenzamos a formular estos elementos en una programación o a analizarlos en un acto educativo nos encontramos en un terreno altamente ambiguo. No podía ser de otra manera si tenemos en cuenta que en la realidad son inseparables y que sólo tienen entidad autónoma como abstracciones, en el mejor de los casos como abstracciones conceptualizadas en el pensamiento del educador. Sucede lo mismo que con una obra de arte: podemos analizarla describiendo la técnica con la que está hecha, los colores, las palabras, las notas o los movimientos o haciendo un análisis poético de lo que evoca y produce desde el punto de vista de la expresión y comunicación de sentimientos, o valorando su belleza y armonía. Pero, en la realidad, la belleza, la expresión, los colores, la temática y la técnica están contenidos en las mismas pinceladas, o las mismas notas, o las mismas palabras o movimientos.

Al ser los contenidos durante mucho tiempo la base del sistema educativo, han parecido tan evidentes que no se ha considerado necesario definirlos. Pérez García recopila algunas definiciones que cabe cuestionar que sean tales: *"son instrumentos para el desarrollo de capacidades; son la base para unir las actividades entre sí; saberes en torno a los que se organizan las actividades; son aquello sobre lo que se trabaja; son un especio de toma de decisiones en el desarrollo curricular; son medios para coneguir los objetivos; favorecen el aprendizaje del conocimiento teórico, las destrezas para construir el conocimiento y las actitudes que regulan la vida en sociedad"* (Pérez García, en Moral Santaella (coord.): 2010). Todas ellas "hablan sobre" los contenidos, pero es dudoso que los definan de manera clara y distinta.

En la práctica, los contenidos han sido hasta hace pocas décadas considerados casi exclusivamente como el listado de los saberes académico-científicos que debían adquirir los educandos. La mayor parte de las polémicas sobre la prevalencia de los objetivos o los contenidos a la hora de definir la educación tienen esa perspectiva de fondo: de esa manera, la apuesta por los objetivos significaba de alguna manera la reivindicación de la incorporación de aspectos no sólo cognitivos o memorísticos como fines de la educación. Sin embargo, cabe una mirada más amplia a la hora de considerar los contenidos.

La LOGSE, en su intento de dibujar una educación más integral y comprehensiva de las diferentes dimensiones del desarrollo humano, distinguió entre tres tipos de contenidos:

1. Cognitivos, que coinciden con lo que hasta ese momento en las programaciones educativas se solía considerar como contenidos, y que la LOGSE (siguiendo a los psicólogos de la educación en los que se apoya, Coll, Marchesi y Palacios), clasifica en:

    a. Hechos

    b. Conceptos

    c. Principios

2. Procedimentales, que se refieren a las habilidades y destrezas, físicas o cognitivas.

3. Actitudinales, en donde menciona también tres categorías profundamente ligadas entre sí:

    a. Actitudes, disposiciones relativamente estables a actuar de una manera determinada.

    b. Valores, esto es, conceptos a los que se atribuye bondad o maldad, deseablilidad o indeseabilidad, y que estructuran la conducta humana.

    c. Normas, guías de actuación para la convivencia y para el desarrollo en los diferentes grupos a los que se pertenece.

Obviamente, no es lo mismo referirse a los contenidos si los comprendemos únicamente como contenidos de carácter cognitivo que si incorporamos estas otras dos dimensiones. Esta distinción ha servido para enriquecer la conciencia de las cuestiones que se deben contemplar en un proceso educativo; sin embargo, en demasiadas ocasiones se ha quedado en una casilla más que rellenar que complejiza la programación y en realidad añade poco a la práctica educativa. También cabe preguntarse si esta distinción no sería más útil en los objetivos que en los contenidos, dado que es sencillo diferenciar o formular de manera diferente las actitudes de los procedimientos y los conceptos, pero no tanto en cuanto al aprendizaje de un determinado contenido, por dos razones principales:

- Cualquier aprendizaje implica necesariamente las tres dimensiones, si bien con diferente peso una de otros. Así pues, la suma es un procedimiento, pero implica conceptos (el propio concepto de suma, el concepto de número) y actitudes (valoración de la utilidad de sumar, actitud de confianza respecto a la propia capacidad de sumar, actitud positiva hacia el aprendizaje de la suma) ¿Es deseable descender en la enumeración de los contenidos hasta el punto en el que podemos diferenciar conceptos de procedimientos y de actitudes? ¿No sería más sencillo y más coherente incluir como contenido "la suma" haciéndonos conscientes de que este contenido tiene dimensiones conceptuales, procedimentales y actitudinales, y reflejar estas dimensiones en los objetivos?

- Si bien todo contenido incluye las tres dimensiones, es bastante obvio que existen materias cuyo peso es conceptual, procedimental o actitudinal. Así pues, la educación física, si bien incluye aprendizaje de conceptos, tiene su fuerte en el desarrollo de habilidades y destrezas; la filosofía incluye sin duda la incorporación de procedimientos cognitivos de análisis, lógica y crítica, pero tiene un gran peso en los conceptos; la ética, por el contrario, tendría un mayor peso en las actitudes... Obligar en cada uno de los temas a desglosar las dimensiones procedimentales, cognitivas y actitudinales de cada contenido puede resultar poco práctico en la programación.

Esto no quiere decir en absoluto que no sea muy relevante la incorporación de estas dimensiones en los contenidos. Se formulen o no, hay que tomar conciencia de que la pretensión de una educación que no se limite a transmitir contenidos cognitivos de manera bancaria implica una consideración más amplia de los contenidos. La gran aportación de la introducción de este desglose de contenidos (que desaparece en la LOE) es la toma de conciencia de que lo que se enseña, lo que se educa, no son solo los conocimientos, sino también el resto de las dimensiones del ser humano: las habilidades, las destrezas, las capacidades y las actitudes vitales. Y esto tiene como consecuencia que ***los contenidos son un elemento relevante en todo proceso educativo***, no sólo en aquellos centrados en el aprendizaje de conceptos.

Cabe señalar también la similitud entre los contenidos cognitivos, procedimentales y actitudinales y los elementos que se considera que forman parte de una competencia. Recordemos que una competencia está compuesta por conocimientos teóricos, habilidades y actitudes que son todos ellos necesarios para las actuaciones en las que se manifiesta la competencia.

Por último, hay una cuestión más que conviene tener en cuenta a la hora de plantearse los contenidos educativos, y tiene que ver con la consideración del conocimiento humano (incluyendo todos los tipos de conocimiento y desarrollo) como algo estático, sumativo, dado, o como algo dinámico, en proceso, relativo, en evolución constante. Esto es, con su consideración como algo que **se transmite** o algo que **se construye**. En el primer caso nos situamos en una perspectiva de educación bancaria, donde el énfasis está puesto en una transmisión lo más fiel y literal posible del conocimiento acumulado, donde se excluye la perspectiva crítica o, al menos, ésta se relega hasta el momento en el que se ha llegado a un nivel avanzado en la transmisión del contenido. Las implicaciones de asumir el conocimiento humano, y, por tanto, los contenidos escolares como una realidad dinámica, en evolución e interacción, y que ha de recrearse y reconstruirse histórica y vitalmente para cada persona introduce la perspectiva crítica en la base del proceso educativo y coloca como finalidad del proceso educativo facilitar la reconstrucción personal y original del conocimiento en cada uno/a de los/as educandos/as. Esta última perspectiva sólo cabe en el contexto de objetivos expresivos o abiertos, y, de la misma manera, es consciente de que el mismo contenido propuesto se concretará de manera diferente en cada uno/a de los/as educandos/as. La intención educativa estará, así pues, orientada hacia que cada uno/a de los/as alumnos/as generen su propio corpus de conocimientos, incorporando para ello crítica y activamente los conocimientos construidos y compartidos en la humanidad, y, especialmente, en su contexto cultural.

3.2 *CÓMO SE SELECCIONAN LOS CONTENIDOS EDUCATIVOS*

Por amplio y ambicioso que sea el programa educativo, es obvio que es necesario hacer una selección de los contenidos que se van a incluir. La cuestión es con qué criterios hacer esa selección. Si la programación está orientada por los objetivos, lo lógico es que éstos sean el primer criterio de selección: los contenidos que permitan lograr los objetivos propuestos. Sin embargo, normalmente la preparación de un programa educativo no se hace de forma lineal; por otra parte, ante un objetivo general de conocimiento de una determinada disciplina, sigue siendo necesario seleccionar los contenidos más idóneos para lograrlo.

Podemos señalar varias perspectivas para realizar la selección de los contenidos (Pérez Gómez, 1989; Pérez García, 2010):

- Perspectiva filosófica, centrada en las disciplinas, en la que se sitúan autores como Hirst (1969), Pring (1978) o Phenix (1975). La estructura del conocimiento científico en sus diversas disciplinas sería el mejor criterio de selección y de organización de los contenidos curriculares. Se trataría de identificar los conceptos más relevantes dentro de cada una de las disciplinas, así como los procedimientos y métodos con mayor capacidad de propiciar el aprendizaje permanente.

- Perspectiva psicológica, esto es, sin despreciar la importancia de la estructura de las disciplinas, el acento puede esta puesto en la necesidad de seleccionar y estructurar los contenidos teniendo en cuenta en primer lugar cómo se da el aprendizaje. Así pues, será preciso seleccionar los contenidos en función de su adecuación a las características del desarrollo psicológico de los/as niños/as.

- Perspectiva sociológica. Otros autores (Bernstein, Apple, Popkewitz) hacen hincapié en el que currículum es un producto social y por tanto ha de tratarse como algo negociable y sujeto a discusión. Desde esta perspectiva es preciso incorporar el criterio de la relevancia de los contenidos en un momento y una sociedad concreta.

- Perspectiva pragmática, centrada en las competencias. Según esta perspectiva, lo relevante son las competencias que el alumnado debe adquirir. Definidas las competencias que se necesitan en una sociedad, los contenidos que hay que incorporar serán los que formen parte de dichas competencias. Podemos hacer una traducción más amplia de esta perspectiva señalando que se orientaría hacia incorporar y privilegiar como criterio de selección de los contenidos su aplicación práctica en el mundo laboral y en la vida ciudadana.

No se puede ignorar el peso de todas estas perspectivas a la hora de seleccionar los contenidos. De ahí la importancia de aquilatar bien la formulación de los objetivos: en función de cuáles sean las finalidades de un determinado proceso educativo, tiene sentido dar prioridad a uno u otro criterio en la selección de los contenidos. Asi, si la finalidad principal de un proceso tiene que ver con el desarrollo integral de las personas, puede que el criterio a privilegiar deba ser el psicopedagógico; si el objetivo tiene que ver con la inserción profesional, probablemente deba primar el de las competencias, si, por el contrario, es la preparación para el dominio a alto nivel de una disciplina, se tiende a privilegiar, lógicamente, el epistemológico o filosófico, de estructura de las disciplinas. De hecho, como veremos posteriormente, la forma de organizar y seleccionar los contenidos en Educación Infantil, Primaria, Secundaria, Bachillerato, Formación Profesional y Universidad trasparenta la intencionalidad de fondo de cada uno de estos tramos educativos.

Los contenidos educativos son indisociables de lo que se quiere conseguir, esto es, de los obejtivos educativos, pero también de la forma en la que se comunican o transmiten, esto es, de lo que se ha solido llamar método. El método matiza los contenidos, resaltando unas partes y haciendo desaparecer otras, y el propio método, en realidad, transmite contenidos. Así que cuando hablamos de cómo se presentan los contenidos educativos estamos entrando de lleno en el campo de la metodología, pero, al mismo tiempo, esa modalidad de presentación da forma a los propios contenidos, por lo que hemos de abordarla al hablar de ellos.

Vamos a mencionar tres aspectos: cómo se estructuran los contenidos educativos para presentarlos en el proceso educativo; cómo las propias características de los contenidos imponen en cierto grado una manera de organización y presentación y, por último, la importancia de los soportes de presentación de los contenidos.

a) Estructura

Al plantear cómo organizar y estructurar los contenidos para el aprendizaje, nos encontramos necesariamente con la tensión entre la estructura propia de las disciplinas y las características del sujeto que aprende, o las características del aprendizaje humano. Cuando lo que prima es la estructura de las disciplinas, la clasificación de los contenidos de aprendizaje en asignaturas se hace de acuerdo a las delimitaciones científicas: esto es, se realiza una trasposición de los estudios universitarios al lenguaje escolar. Así tenemos la clásica distribución por asignaturas (algunas agrupando varias disciplinas): matemáticas, lengua, ciencias sociales, ciencias naturales, etc. Esta es la estructuración que podemos observar que prima en la Educación Secundaria y el Bachillerato, y tiene gran influencia también en la Educación Primaria.

Por el contrario, una perspectiva que prioriza las características del aprendizaje tiende a organizar los contenidos de manera que facilite su comprensión y asimilación por parte del alumnado, y esta organización no tiene por qué coincidir con las fronteras entre las distintas disciplinas. Puede ser más sencillo acceder a un contenido matemático desde un contenido de educación física que desde el lógicamente relacionado en el ámbito matemático. Los centros de interés, los proyectos, el aprendizaje globalizado tiene que ver con este tipo de organización del contenido, centrado en la forma de acceso del alumnado. La organización de los contenidos en Educación Primaria e Infantil tiene más en cuenta este criterio, además del disciplinar; e, incluso aunque la narración de los contenidos curriculares se enumeran los de acuerdo con la estructura disciplinar, se propone al profesorado un paso más que agrupe estos contenidos en torno a experiencias significativas para el alumnado. Esto se da sobre todo en el currículo de Educación Infantil, donde, por otra parte, las áreas están estructuradas en torno a las experiencias propuestas para el alumnado (identidad y autonomía personal, lenguaje: comunicación y representación y conocimiento del medio).

Hablamos de ***interdisciplinariedad*** cuando se procura estructurar los contenidos integrando de manera ordenada y simultánea contenidos de disciplinas diversas. Intenta evitar la fragmentación del conocimiento en parcelas y favorecer un punto de vista más integrado y completo sobre la realidad teniendo en cuenta los aportes de las diferentes disciplinas. Por otra parte, hablamos de ***globalización*** cuando se procura que el acercamiento a los contenidos se dé a partir de los intereses del/a niño/a, convirtiendo este interés en el foco a partir del cuál el niño/a construye de manera activa el conocimiento integrando las diferentes disciplinas.

b) Características de los contenidos

Si asumimos el postulado que propone A. Pérez Gómez (1989:323) que *"el objeto fundamental de la instrucción escolar ha de ser la reconstrucción del conocimiento en el alumno"*, habrá que tener en cuenta para la presentación de los contenidos cuáles son los recursos que requieren que el/la alumno/a movilice para reconstruirlos. El ser humano tiene diferentes tipos de capacidades (Gardner las denominó "inteligencias múltiples"), y hay contenidos que requieren que se movilicen distintos tipos de capacidades. Gagné (1965) identifica cinco:

- Información verbal
- Destrezas intelectuales.
- Estrategias cognitivas
- Habilidades motoras
- Actitudes

En el próximo apartado desarrollaremos con más detalle algunas de las teorías de la enseñanza que hacen especial hincapié en la forma de presentar los contenidos. Aquí baste con señalar que existen teorías del aprendizaje y teorías de la enseñanza que proponen una determinada organización del material y que son especialmente adecuadas para diferentes tipos de contenido. Así, la ***teoría del aprendizaje verbal significativo***, la ***teoría de la asimilación*** y la ***teoría de la elaboración*** están orientadas hacia la adquisición de **contenidos cognitivos** (podríamos incorporar los tres primeros puntos de la clasificación de Gagné) y proponen determinados esquemas de presentación para ello, tales como la utilización de organizadores previos o epítomes (síntesis previas), la utilización de cuadros sinópticos o esquemas y la realización de síntesis periódicas (resúmenes o cuadros de conceptos) a fin de facilitar la significatividad del aprendizaje. Por otra parte, para las **destrezas intelectuales** y para las **habilidades motoras** puede ser más útil la ***teoría del aprendizaje acumulativo*** y el análisis de tareas, que procede de modelos conductuales, y consiste en descomponer la tarea en los elementos que la componen a través del establecimiento de jerarquías de aprendizaje. Por último, para **contenidos de carácter actitudinal** serán más relevantes teorías del aprendizaje como la ***teoría del aprendizaje social*** y la creación de entornos de experiencias y modelado que faciliten la creación y asimilación de las actitudes propuestas.

c) Soportes

Los soportes de presentación de los contenidos también afectan a los propios contenidos. Vamos a diferenciar cuatro tipos de soporte habituales, teniendo en cuenta que tanto con unos como con otros se puede dar un mayor o menor grado de actividad e interacción (esto es, un soporte escrito no supone nula actividad por parte del alumnado, y en absoluto un soporte informático garantiza un alto grado de interacción y actividad).

- **Soporte escrito.** Ha tenido una gran importancia en la educación. Los libros de texto son la forma más habitual de presentación de los contenidos. Sobre ellos se aplican las diferentes teorías y estructuras de presentación que pueden ir más ligadas a las teorías del aprendizaje o a la estructura de las disciplinas.

  Los libros de texto tienen ventajas importantes. Hasta cierto punto garantizan una cierta igualdad en la enseñanza, dado que pueden suplir carencias del profesorado con una adecuada explicación y ofrecen una base de contenidos accesible para todos/as. Permiten, además, al profesorado estar más libre del dictado o la elaboración de materiales y poder centrarse en la interacción con el alumnado. Las desventajas son las que provienen de ese mismo carácter homogéneo y descontextualizado; por otra parte, al asumir un libro de texto el profesorado asume, queriéndolo o no, una determinada estructura de valores y orientación ideológica o de concepción de las disciplinas que está en la base, y cede buena parte de su soberanía docente.

  Las teorías del aprendizaje verbal significativo se han centrado en buena parte en la elaboración de material escrito.

- Soporte oral. Tan importante como el soporte escrito ha sido tradicionalmente el soporte oral. El profesorado explica en clase, a través de clases magistrales o con preguntas y participación del alumnado.

  Las ventajas de este soporte son varias. Por una parte, permite una adaptación mucho mayor del contenido al alumnado, a sus intereses y su respuesta; también es un soporte más facilitador para el alumnado que no ha alcanzado un alto nivel de comprensión lectora. Permite improvisar, incorporar más ejemplos, aumentar las explicaciones donde sea necesario. Como inconvenientes: es muy dependiente de la habilidad del/a profesor/a, y es fácil que no se desarrolle de manera homogénea y completa el contenido. También es más fácil la desconexión por parte del alumnado.

  La exposición de contenidos de manera oral ha sido menos estudiada en educación; aunque de alguna manera se pueden considerar aplicables las teorías del aprendizaje significativo, así como otras propuestas más sencillas de estructuración de las explicaciones mediante ejemplos y contra ejemplos. En todo caso, el soporte oral, además de las clases magistrales y las explicaciones, es normalmente en el aula el soporte "conectivo" que guía el conjunto de la sesión de enseñanza.

- Soportes multimedia. En los últimos años los medios tecnológicos han irrumpido con fuerza en la vida y en el aula. Quedan atrás ya los recursos audiovisuales que se limitaban a momentos y actividades concretas.

  Los recursos informáticos, que integran recursos audiovisuales, orales y escritos y que permiten un cierto grado de interactividad tienen como ventaja que suelen tener una gran capacidad de motivación. Por otra parte, su empleo se hace necesario dada su prevalencia en la vida cotidiana. Otra ventaja es que facilitan como nunca la personalización y diversificación de los contenidos de acuerdo a las necesidades de cada alumno/a. Pero también presentan algunas desventajas. En primer lugar (aunque tal vez la de menor importancia), su incorporación requiere un desembolso económico. En segundo lugar, es fácil utilizarlos de la misma manera que los materiales más tradicionales, con lo que su utilización puede conducir a una mayor pasividad que la utilización de otro tipo de soportes. Pero el mayor peligro (no exactamente desventaja) es limitar los contenidos a las exigencias del material multimedia: que quepa en una pantalla, que no necesite scroll, que tenga muchos dibujos, que tenga animaciones, etc, empobreciendo los contenidos en función de su adaptación al soporte.

Actualmente existe una gran cantidad de literatura respecto a las características que deben reunir los materiales multimedia para el aprendizaje, y, al tiempo que se continúan trabajando métodos de aprendizaje on line que integran cada vez más recursos (simulaciones, second life, etc; sobre todo en la formación de adultos y la formación en empresas), se sitúan mejor estos medios como tales, descartando la utilización de soportes muy sofisticados, pero de difícil manejo, en favor de la accesibilidad.

- Soporte experiencial. Hay un último soporte de presentación de los contenidos que puede integrar material escrito, oral o multimedia, pero que se caracteriza porque los contenidos están integrados en una experiencia que se pretende hacer vivir al alumnado. Incluimos aquí todas las actividades que suponen una construcción protagonista por parte del alumnado o de los participantes, desde la preparación y realización de un debate hasta un rol playing o una experiencia de ir a una obra de teatro. Una salida a la naturaleza recogiendo y clasificando flores obviamente es un soporte para los contenidos propuestos; pero es un soporte diferente a la lectura de la clasificación botánica o a la escucha de una conferencia, incluso aunque integre diapositivas. Y por supuesto que es diferente a la creación y paseo por un mundo virtual que estuviera poblado de distitnos tipos de flores.

  La primera y mayor ventaja de este soporte experiencial es que es, sin duda, el que mejores resultados de aprendizaje produce; ya que lo que se vive es lo que mejor se retiene. Por otra parte, es polivalente, y permite al mismo tiempo realizar distintos tipos de aprendizajes: cognitivos, actitudinales y procedimentales. Y la mayor desventaja es que requiere una gran cantidad de tiempo, por lo que es preciso seleccionar adecuadamente qué aprendizajes se quieren desarrollar en este soporte, sabiendo también que es especialmente adecuado y difícilmente sustituible para la formación de actitudes.

3.4 *CRITERIOS PARA LA SELECCIÓN, ORGANIZACIÓN Y PRESENTACIÓN DE LOS CONTENIDOS EDUCATIVOS*

A modo de síntesis, presentamos los criterios que propone Arrieta (1989) para la selección, organización y presentación de los contenidos escolares:

- Selección: no incluir ningún tema que no pueda desarrollarse hasta el punto de que su aplicación resulte comprensible para todos el alumnado.

- Variación: distinguir un núcleo, exigible a todos el alumnado, del contenido adicional, que de manera optativa puedan estudiar los que lo deseen y puedan.

- Profundización: desarrollarlos con tiempo suficiente para tratar los temas desde diversos ángulos y en varias aplicaciones.

- Significatividad: supeditarlos a un contexto de resolución de problemas, esto es, introducirlos a través de situaciones en las que el alumnado vean y sientan la necesidad de los hechos, conceptos y procedimientos a aprender.

A estos cuatro criterios añadiríamos el de proporcionalidad y adecuación respecto a los soportes de presentación de los contenidos, supeditando el soporte al objetivo a conseguir y a las características del contenido a trabajar.

Y, en definitiva, teniendo siempre en cuenta que todas las decisiones estarán marcadas por la perspectiva de fondo respecto a si el contenido es un "objeto" estático y completo a transmitir o si, realmente, la educación está orientada hacia la reconstrucción crítica y personal del conocimiento por parte del alumno/a.

3.5 *LOS CONTENIDOS EN LA EDUCACIÓN NO FORMAL*

Mencionaremos, para terminar, algunas características diferenciales de los contenidos en los procesos de educación no formal, dado que para ellos es de aplicación lo que hemos dicho con carácter general de los contenidos. Únicamente señalaremos algunas cuestiones a tener en cuenta de manera especial:

- En los procesos de educación no formal es habitual que haya más contenidos de carácter actitudinal o conductual y menos de carácter cognitivo. Por lo tanto, será preciso prestar atención a otros "modos de presentación" de los contenidos. Estrategias como el análisis de tareas, o el refuerzo conductual, que suelen considerarse poco apropiadas para la adquisición de contenidos intelectuales, pueden ser de mucha utilidad cuando se trata de reeducación de conductas o desarrollo de otro tipo de habilidades.

- A pesar de una cierta tendencia a no señalar contenidos en las actividades de educación no formal (o en muchas de ellas) es importante explicitarlos, dado que toda acción educativa tiene contenidos, al menos en el sentido amplio.

- A pesar del peso de los contenidos conductuales y actitudinales en muchos procesos de educación no formal, siempre es importante dar peso también a algunos conceptos y contenidos cognitivos que son importantes para profundizar y asimilar con profundidad esos procesos de cambio de actitudes y conductas.

- Es conveniente evitar una confrontación entre "lo vital, lo práctico, lo conductual" y lo cognitivo, desarrollando una perspectiva global del desarrollo humano y reconociendo que el crecimiento humano integra también el crecimiento intelectual a todos los niveles.

En síntesis, los contenidos ocupan el mismo lugar en los procesos de educación no formal que en los procesos de educación formal, pero en los procesos de educación no formal, en muchas ocasiones, tienen un lugar más destacado contenidos de tipo actitudinal y conductual, mientras que los contenidos cognitivos ocupan la mayor parte de la atención en los procesos de educación formal. Una perspectiva integrada, recogiendo las aportaciones de las diferentes experiencias, puede enriquecer mucho ambos tipos de procesos.

4   ASPECTOS METODOLÓGICOS: TEORÍAS QUE LOS SUSTENTAN

4.1   *PSICOLOGÍA COGNITIVA Y EL MOVIMIENTO DEL CONSTRUCTIVISMO.*

Tras algunas décadas de dominio de la teoría conductista en el estudio del aprendizaje, se fue desarrollando la corriente de la Psicología Cognitiva o cognitivismo, en parte por la propia evolución del conductismo y en parte por la incorporación de nuevas perspectivas que permitían abordar lo que en otro momento parecía inabordable: el funcionamiento de la "mente" humana; lo que sucede dentro de la "caja negra" que renunciaban a estudiar los conductistas. Los cognitivistas admiten que es imposible observar directamente el funcionamiento del pensamiento humano, pero consideran que esto no supone que no podamos conocer nada: es posible establecer hipótesis científicas y someterlas a juicio científico con un alto grado de fiabilidad a través de diversos mecanismos. El desarrollo de la informática y la corriente del procesamiento de la información tuvo importancia en este desarrollo: el funcionamiento algorítmico de los ordenadores pretende imitar el funcionamiento de la mente humana, e, inversamente, la programación de los ordenadores se convirtió en un campo de experimentación acerca de la manera en la que la mente humana jerarquiza y saca conclusiones.

En torno a esta gran corriente de la psicología cognitiva se fue desarrollando lo que podríamos denominar el movimiento del constructivismo, que a su vez recoge otros planteamientos psicopedagógicos de diversas procedencias. El postulado principal que une los diferentes planteamientos constructivistas es el siguiente: el aprendizaje no se da por un proceso de mera asociación (como proponía la teoría del aprendizaje conductista), sino que es siempre un proceso en el que el sujeto que aprende construye el conocimiento de manera activa y personal. El conocimiento no se adquiere, sino que se construye, y la actividad del sujeto resulta crucial en este proceso de aprendizaje.

Algunas de estas teorías se acercan a lo que podría ser una teoría de la enseñanza y no sólo del aprendizaje, en la medida en la que no sólo pretenden describir (teoría del aprendizaje) cómo aprendemos, sino prescribir cómo enseñar (teoría de la enseñanza), como facilitar este aprendizaje. Dentro de las diferentes elaboraciones que se han ido realizando en la órbita del constructivismo, nos detendremos brevemente en tres: la teoría del aprendizaje acumulativo, la teoría del aprendizaje verbal significativo y la teoría de la elaboración.

d)   Teoría del aprendizaje acumulativo

Sus máximos representantes son Gagné y Briggs (finales de los años 60 hasta avanzados los 80), y se trata del intento de formular una teoría general sobre la instrucción que integre los diferentes conocimientos sobre el aprendizaje que se han ido generando y que permita diseñar o prescribir procedimientos de instrucción adecuados. Intenta, por tanto, formular una teoría comprehensiva articulando diferentes explicaciones que otros autores entienden como contradictorias con una perspectiva eminentemente práctica.

Comienza señalando una taxonomía de tipos de aprendizaje (Gagné-Briggs: 1979), cada uno de los cuáles requiere una elaboración diferente y, por ende, una forma de enseñar diferente:

- Información verbal.

- Habilidades intelectuales.

- Estrategias cognitivas.

- Actitudes.

- Habilidades motoras.

Dados estos cinco tipos de aprendizaje, la teoría de Gagné parte de tres presupuestos básicos:

- Es necesario partir de objetivos claramente formulados.

- Es necesario establecer un orden, una secuencia ordenada en la enseñanza, para favorecer el logro de los objetivos.

- Es necesario propiciar unas condiciones para el aprendizaje que estén de acuerdo con los objetivos perseguidos, las características particulares del sujeto que aprende y su nivel de dominio de capacidades subordinadas o prerrequisitos; el tipo de aprendizaje y las condiciones del mismo. Esto se traduce en un conjunto de sujetos instruccionales (actividades).

Para Gagné, la mayor parte de las teorías del aprendizaje son válidas, pero explican aspectos diferentes del aprendizaje. En cualquier materia, o incluso dentro del mismo núcleo temático, normalmente se encuentran implicadas diferentes tipos de capacidades aprendidas. Y cada una de ellas implica, a su vez, ciertos aprendizajes previos, que actúan como requisitos. Por ello, para planificar la enseñanza es preciso secuenciar y ordenar las capacidades que están implicadas en el logro de los objetivos educativos. La intención de la teoría del aprendizaje acumulativo es facilitar esta secuenciación organizándolas en función de las habilidades intelectuales implicadas. El método es el establecimiento de jerarquías de aprendizaje; esto es, ordenación de las destrezas implicadas en el logro de un determinado objetivo. Se trata de realizar el análisis de las capacidades implicadas en cada una de las tareas, constatar si ya está lograda o no y ordenar los objetivos y las actividades (sucesos instruccionales) en función de las capacidades que se necesitan lograr.

e) Teoría de la Asimilación Cognoscitiva

También en los años 60 Ausubel comienza a formular la teoría de la asimilación, centrada especialmente en el desarrollo de aprendizajes de carácter cognitivo. Ausubel establece cuatro tipos de aprendizaje que constituyen una matriz: aprendizaje memorístico-significativo y aprendizaje por recepción o por descubrimiento (distingue también entre el descubrimiento guiado y el descubrimiento autónomo. El primer par de conceptos hace referencia al tipo de aprendizaje, el segundo al proceso por el que se adquiere ese aprendizaje.

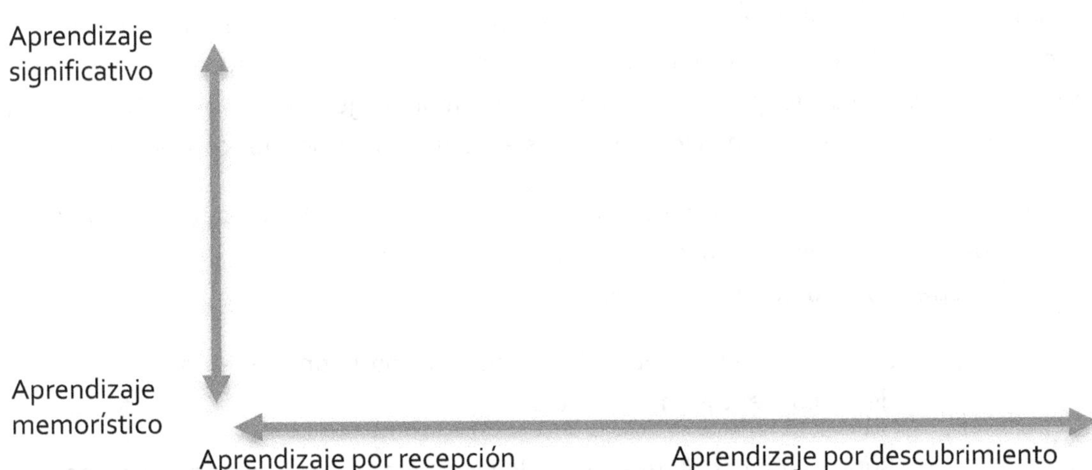

Así pues, se pueden dar casos de aprendizaje memorístico por recepción (tablas de multiplicar), aprendizaje significativo por recepción (relaciones entre conceptos); aprendizaje memorístico por descubrimiento (solución de acertijos por ensayo y error) y aprendizaje significativo por descubrimiento (investigación científica, creación artística, etc). Ausubel, reconociendo la importancia del aprendizaje por descubrimiento (apoyado por Piaget y Bruner, entre otros), indica que la mayor parte de las adquisiciones culturales de la humanidad no pueden ser enseñadas por descubrimiento, sino que requieren la comunicación de conceptos que requieren un aprendizaje significativo por recepción.

La teoría de la asimilación cognoscitiva de Ausubel se dedica a analizar cuáles son las condiciones para que se produzca el aprendizaje significativo, sea por descubrimiento o por recepción, teniendo en cuenta la necesidad de que mucho del aprendizaje sea por recepción, pero evitando que esto se traduzca en un aprendizaje memorístico, mucho menos aplicable y aprovechable por las personas que aprenden. Señala tres condiciones:

- Los nuevos materiales que van a ser aprendidos deben ser potencialmente significativos, esto es, que sean coherentes, que tengan una buena estructura lógica, que tengan sentido.

- El sujeto que aprende ha de contar en su estructura cognoscitiva previa con ideas previas relevantes que puedan ser relacionadas con el nuevo material.

- El sujeto debe tener una actitud activa, de atención y motivación, hacia el aprendizaje del nuevo material.

El proceso de aprendizaje significativo es, por tanto, una interacción entre las ideas previas del sujeto y los nuevos conceptos que se están incorporando. Y la incorporación de éstos se realiza a través de relaciones que se establecen con otras ideas ya presentes en la red de conceptos asimilados e integrados por la persona que está aprendiendo. Estos conocimientos se estructuran cognitivamente de manera jerárquica. A partir de aquí, Ausubel (y otros autores, como Novak y Hanesian) desarrollan algunos conceptos:

- Aprendizaje subordinado: cuando las nuevas ideas se relacionan con las antiguas de manera subordinada, sto es, incluyéndolas en otras previas de mayor nivel de abstracción. Puede ser de dos tipos:

  - Subsunción derivativa – los nuevos conceptos son un ejemplo o ilustración de los conceptos ya existentes.

  - Subsunción correlativa – cuando los nuevos conceptos son una extensión, elaboración, modificación o cualificación de los anteriores, por lo que, pese a estar incluidos en ellos, no pueden ser derivados directamente de los conocimientos supraordenados.

- Aprendizaje supraordenado: cuando los nuevos conceptos o ideas son de mayor nivel de abstracción y mayor generalidad que los que ya conoce el sujeto.

- Aprendizaje combinatorio: cuando los nuevos conceptos no pueden relacionarse ni subordinada ni supraordenadamente, sino sólo de manera general con las ideas previas, lo que hace más difícil su asimilación.

Por otra parte, señalan dos procesos que marcan este aprendizaje: la diferenciación progresiva, por la cuál los conceptos se van haciendo cada vez más diferenciados y la estructura jerárquica conceptual más densa, lo que facilita el aprendizaje al tener más lugares donde anclar nuevos conceptos; y la reconciliación integradora, que implica que en el proceso se van estableciendo cada vez más relaciones entre los diferentes conceptos, evitando la compartimentalización del conocimiento.

Se considera más sencillo el aprendizaje subordinado que el supraordenado o, por supuesto, el combinatorio. Por eso se propone la utilización de organizadores previos, que son un material introductorio de mayor nivel de abstracción, generalidad e inclusividad que el que se va a aprender.

f) Teoría de la elaboración

A finales de los años 70 y principios de los 80, Reighluth y Merrill, principalmente, plantearon la llamada teoría de la elaboración (Elaboration Theory of Instruction), con una intención fundamentalmente prescriptiva. Según Merrill (1977, citado en Pérez Gómez: 1989), es "un procedimiento para representar la estructura de contenidos de complejas disciplinas, en segundo lugar, es un procedimiento para determinar una secuencia óptima para la enseñanza de complejas materias y, en tercer lugar, es un procedimiento para determinar la óptima estrategia de presentación para complejas disciplinas". Intenta recoger las aportaciones más significativas de las teorías del aprendizaje cognitivas y las derivaciones de éstas hacia modelos prescriptivos, incluyendo la propia teoría de la asimilación cognoscitiva antes señalada.

La teoría de la elaboración – al igual que otras teorías cognitivas – a los procedimientos de codificación, almacenamiento y recuperación de la información. Desde esta perspectiva, hay dos factores que contribuyen a la eficacia de estos procesos: cómo se organizo la información y la similitud entre las estrategias de almacenamiento y de búsqueda. Lo que sucedería cuando "ordenamos" nuestra casa: si guardamos las cosas con un criterio y las buscamos con otro no las encontraremos; si mantenemos el mismo criterio para guardarlas y buscarlas, será más fácil; si además están "bien organizadas" las cosas, aún más fácil recuperarlas.

Al igual que para la teoría de la asimilación cognoscitiva, los conocimientos previos son claves para esta organización de la información nueva, pero da un paso más al describir siete tipos de conocimientos previos:

- Conocimiento arbitrariamente significativo, que no tiene relaciones intrínsecas con el nuevo conocimiento. Sirve para reglas nemotécnicas.

- Conocimiento supraordenado, que es más inclusivo y/o simple que la nueva idea y, por tanto, la subsume.

- Conocimiento coordinado, al mismo nivel que el nuevo conocimiento.

- Conocimiento subordinado, bien por ser un "tipo particular" de una idea general o una parte de ella.

- Conocimiento experiencial, recuerdos vividos que facilitan el nivel de aplicación del conocimiento, su recuerdo al estar asociado a cuestiones afectivas y la organización del mismo.

- Conocimiento analógico, consistente en ideas que se parecen o tienen la misma estructura que las nuevas.

Las indicaciones prescriptivas de la teoría de la elaboración se resumen como sigue:

- Principio de síntesis inicial: al comienzo de la instrucción debe presentarse un "epítome" u organizador previo que sirva de anclaje al resto de la información.

- Principio de elaboración gradual: los conceptos del epítome deben ser gradualmente elaborados, de lo general a los detalles, de lo simple a lo complejo.

- Principio de familiarizador introductorio: el epítome debe incluir inicialmente un "familiarizador", una analogía que facilite relacionar lo que ha de aprender con lo que ya conoce. También debe incluirse este familiarizador en cada elaboración.

- Principio de tamaño óptimo: cada elaboración debe tener el tamaño que permita que se vea en su conjunto y al mismo tiempo que profundice lo suficiente... El tamaño óptimo se relaciona con los límites de la memoria a corto plazo.

- Principio de síntesis periódica: cada elaboración debe ir seguida de un sintetizador que facilite ir estableciendo las relaciones.

El diseño de la instrucción se va realizando de manera secuencial en diferentes niveles de elaboración del contenido progresivos. Para ello, la teoría de la elaboración propone unos determinados pasos para el diseño de la instrucción, en seis etapas.

Como limitaciones de la teoría de la elaboración, varias de ellas compartidas con otras teorías cognitivas, cabe señalar, siguiendo a Pérez Gómez, que no ofrece pautas diferenciadas para estudiar y desarrollar el aprendizaje de procesos cognitivos; simplemente trata estos procesos como un tipo particular de contenido. Por otra parte, podríamos señalar que confunde la estrategia de aprendizaje con la estrategia de exposición, esto es, analiza el proceso de aprendizaje y pretende replicarlo en el propio material. Pero con eso "saca" la estrategia de la actividad del sujeto y le da el material troceado y preparado, lo que deja poco espacio a la iniciativa intelectual y a las personas cuya forma de aprender es diferente, tanto en ritmos como en estilos. El tamaño óptimo, ¿es el mismo para todos/as los alumnos/as? ¿Leer síntesis periódicas y epítomes es igualmente eficaz que construir la propia síntesis, teniendo en cuenta que cada sujeto cuneta con un bagaje distinto de experiencias, motivaciones y conocimientos? ¿Todo el alumnado funciona efectivamente mejor yendo de lo general a los detalles? El modelo parece ser un tanto rígido y puede dejar fuera cosas realmente importantes: el estímulo a la iniciativa, la curiosidad intelectual, el pensamiento divergente, las síntesis originales…

4.2 TEORÍAS PEDAGÓGICO-DIDÁCTICAS

No toda la teoría que explica y prescribe los procesos de enseñanza-aprendizaje está originada en la psicología. Pérez Gómez diferencia entre las teorías del aprendizaje, de carácter principalmente descriptivo, y las teorías de la enseñanza, de carácter prescriptivo. Hay que reconocer, en todo caso, que ambos ámbitos se solapan permanentemente, y que la explicación siempre es susceptible de desarrollar prescripciones y cualquier prescripción parte de una descripción implícita.

En todo caso, la constatación es que existe una reflexión pedagógica que parte más de la práctica educativa que de la teoría psicológica. Forma parte de la teoría de la educación, se relaciona con la psicología, pero, sobre todo, establece modelos de intervención educativa muy ligados a la práctica y a una perspectiva de mejora de los procesos educativos, ligada normalmente también a una intencionalidad de mejora social.

Vamos a centrarnos, por su trascendencia, capacidad comprehensiva e importancia en la educación, en tres principios estrechamente ligadas que podríamos caracterizar en términos de la forma en la que promueven el aprendizaje: actividad, diálogo y cooperación; esto es, aprendizaje activo, aprendizaje dialógico y aprendizaje cooperativo.

a) Aprendizaje activo

Si hay algún tópico habitual cuando se habla de metodología, es el de hablar de "metodología activa". Tristemente, este tópico normalmente suele incluirse sin atribuirle mucho contenido, pero su presencia habitual demuestra hasta qué punto existe en la conciencia de los y las educadores/as lo que podríamos llamar el "principio de actividad".

Hasta finales del s. XIX, y salvo excepciones, el estilo de enseñanza más extendido en los procesos de educación formal acentuaba la enseñanza memorística, verbal y pasiva. Lo que primaba era el aprendizaje por repetición de contenidos verbales, sin importar tanto la comprensión de los mismos. La enseñanza de los oficios, por otra parte, se desarrollaba al margen del sistema formal y era eminentemente práctica.

La Escuela Nueva es un movimiento educativo, probablemente el más importante hasta la fecha, que reaccionó contra este estilo de enseñanza. Se extiende desde mediados-finales del s. XIX hasta la primera mitad del s. XX e incluye autores como Tolstoi, Pestalozzi, Montessori, Fröebel, Decroly, Freinet, Ferrière, Claparède e incluso Ferrer i Guardia, aunque pueden establecerse subdivisiones o clasificaciones alternativas.

Este movimiento de la Escuela Nueva fue el que introdujo el principio de actividad como principio crucial para el buen desarrollo de los procesos de enseñanza-aprendizaje. Desde una perspectiva netamente educativa, esto es, desde la práctica de la enseñanza más que desde formulaciones teóricas, el planteamiento que hay de fondo es que el aprendizaje no es nunca un proceso pasivo. El ser humano no es materia inerte sobre la cuál se graba el contenido que se desee. Aprender requiere aprehender, esto es, hacer propio, incorporar vitalmente contenidos o habilidades. Esto es una tarea activa en la cuál el protagonista es el/la aprendiz; por ello, los métodos de enseñanza que obligan a mantener actitudes o posiciones pasivas (sólo de escucha) dificultan el aprendizaje; mientras que éste se verá facilitado por métodos que en sí mismos incorporen la actividad necesaria para que se produzca el aprendizaje.

Sin embargo, no se puede confundir el principio de actividad con el hecho de que el alumnado "haga" algo, y menos que haga algo manual. Como señala A. Ferrière, *"una labor mecánica, impuesta por presión exterior, no merece el nombre de trabajo. La verdadera significación de esta palabra corresponde a una actividad espontánea e inteligente, que se ejerce de dentro hacia fuera. Aunque la tarea a que nos dediquemos no haya sido objeto de nuestra libre elección, aunque una fuerza ajena o las circunstancias la hagan necesaria, ese esfuerzo no será un trabajo digno de este nombre más que en la medida en que volquemos en él nuestro yo, nuestra penetración, nuestro afán, nuestro corazón"* (Ferriere, 1982:10). Puede haber actividad física sin ningún aprendizaje; al igual que puede haber actividad sin actividad netamente manual. Lo que está en el fondo del planteamiento de la necesidad de la actividad en la educación es lo que expresa este mismo autor de la siguiente manera: *"(el niño) no posee con certeza más que lo que ha asimilado por un trabajo personal de digestión"* (Ferriere, 1982:11).

Así pues, podríamos enunciar el principio de actividad en educación de la siguiente forma: El aprendizaje supone la incorporación a la propia configuración y estructura personal del/a aprendiz de manera activa de nuevos conocimientos, habilidades, actitudes y/o destrezas; por lo tanto, la estructura de la enseñanza debe favorecer esta actividad individual creativa de la manera más adecuada para las características de las personas a las que se dirige.

¿Puede darse aprendizaje en una conferencia, desde este punto de vista? Por supuesto, porque la escucha puede ser una tarea sumamente activa. No se dará aprendizaje, sin embargo, si no se da escucha real, o se realizará un aprendizaje muy limitado si simplemente se copia o se retiene de manera mecánica lo expuesto en la conferencia. Un programa que asuma el principio de actividad no tiene necesariamente que excluir la existencia de conferencias o exposiciones. Sin embargo, buscará sistemáticamente situaciones que obliguen a los/as educandos/as a asumir el protagonismo del aprendizaje recreando y actuando las habilidades, conocimientos, actitudes y/o destrezas que se proponen.

Este concepto de actividad implica, por lo tanto, algunos otros conceptos:

- Creatividad, porque la actividad a la que se refiere es precisamente la actividad creadora. El propio aprendizaje es concebido como un acto creativo, de "hacer nacer" algo en la persona.

- Libertad, porque este tipo de actividad creativa requiere capacidad de elección. La libertad no supone que no exista guía ni propuesta, sino la elección de aprender, de, como señalaba Ferrière, *"volcar en ese esfuerzo nuestro yo".*

- Crítica, en el sentido de que todo aprendizaje debe ser cribado (el sentido etimológico de la palabra crítica, al igual que crisis, es precisamente esa "criba", que separa el grano de la paja), "digerido", asimilado personalmente; esto es, que no puede ser incorporado a la persona sin que pase por el cedazo del análisis personal.

- Autonomía, porque una actividad crítica, libre y creativa sólo puede darse cuando la persona tiene un cierto espacio de toma de decisiones para desarrollarla.

El principio de actividad será difícilmente discutido en el ámbito educativo. Sin embargo, una comprensión más profunda de este principio supone reconocer que existen métodos que se presentan como activos y que pueden ser "muy entretenidos" que en realidad no están respondiendo a este principio, y situar la referencia para valorar los métodos y las acciones educativas en el grado en el que realmente favorecen esa actividad creativa, libre, crítica y autónoma de los/as educandos/as.

b) Aprendizaje dialógico

Una de las reivindicaciones de la Escuela Nueva fue que el niño no era "un adulto pequeño", sino que tenía características propias y que no se le podían aplicar sin más los métodos que se aplicaban con las personas adultas. A la inversa, a las personas adultas se les aplicó durante mucho tiempo los métodos de enseñanza que se utilizaban con los niños/as, especialmente en los procesos de alfabetización, con un alto grado de fracaso. Se atribuía ese fracaso a que las personas adultas ya habían pasado la edad idónea para aprender. En realidad, en ese momento se estaba considerando a las personas adultas, a efectos del aprendizaje, como "niños/as grandes", y se esperaba que aprendieran de la misma manera que los/as niños/as.

Es en este contexto en el pedagogo brasileño Paulo Freire (ya estudiado en las unidades anteriores) hace notar que las personas adultas no son simplemente niños/as grandes; sino que cuentan con todo un bagaje de conocimientos del que, lógicamente, carecen los/as niños/as y que ignorarlo en el proceso de alfabetización provocaba el fracaso de ese proceso. Comprendiendo y proponiendo la educación como proceso de liberación, consideró a los adultos como sujetos capaces de aprender y de utilizar la educación y el conocimiento como instrumento para su desarrollo y liberación personal y social, sin detenerse a "discutir" sus capacidades. P. Freire trabajó con los adultos con métodos propios, alejándose del modelo escolar y aprovechando las características propias de los adultos, ese bagaje de conocimientos previos, como punto de apoyo para la educación. Su método tuvo un enorme éxito en procesos masivos de alfabetización en diferentes países.

Tal vez el punto central de la pedagogía de Freire, que ha permitido un giro importante en los programas de educación de adultos, es el diálogo [20] como medio principal de aprendizaje (Medina, 2000:106). Considerar el diálogo como herramienta central del

---

[20] Freire no es el único que llama la atención sobre la centralidad del diálogo como instrumento educativo, aunque esto se convierta en un punto central en su planteamiento pedagógico. Aunque a pie de página, queremos citar también la relevancia de otros autores, no necesariamente pedagogos, en el descubrimiento del diálogo como instrumento educativo. Mencionaremos únicamente la teoría de la competencia comunicativa de Habermas como teoría capaz de ofrecer una estructura explicativa del papel del diálogo en el aprendizaje. Ver Sáez Carreras y Escarabajal (coord) (1998)

aprendizaje (un diálogo igualitario, transformador, reflexivo, solidario[21]) supone "otra mirada" a los adultos, otros presupuestos; supone, en primer lugar, la consideración del adulto como alguien que tiene algo que decir y que aportar.

El punto de partida de Freire es cuál es el horizonte y el sentido de la educación en un mundo desigualmente distribuido, donde no solo la riqueza está escandalosamente concentrada en unos pocos, dejando a la inmensa mayoría de la población en condiciones de supervivencia o por debajo de éstas, sino que también las herramientas culturales, que son riqueza en tanto en cuanto nos permiten incidir en el mundo, están acaparadas por las clases dominantes de la sociedad, que las distribuye en función de sus intereses a la mayoría oprimida. Freire escribe desde América Latina, un continente rico, pero lastrado por una distribución escandalosamente desigual de la riqueza. La educación, en este contexto, puede servir como instrumento de domesticación, perpetuando y reforzando, no sólo a través de sus contenidos, sino especialmente de sus métodos, actitudes de conformismo, resignación y opresión, haciendo que los propios oprimidos incorporen personalmente el esquema dominante; o como instrumento de liberación, a través de la concienciación y la asunción protagonista y creativa por parte de los educandos. Freire, reconociendo y poniendo de manifiesto la carga histórica de la educación como domesticación, se aleja de planteamientos deterministas al considerar que esta forma de educar no es constitutiva del hecho educativo, sino una opción posible entre otras, y que de la misma manera, existe la posibilidad de plantear la educación como liberación. El hecho educativo lleva en sí mismo tanto la posibilidad de ser instrumentado como herramienta domesticadora como la de convertirse en germen de procesos liberadores, en el sentido de favorecer la autonomía de los educandos. En sí, el hecho de posibilitar que personas se apropien de herramientas de conocimiento y transformación del mundo, inscrito en el hecho educativo, es un proceso liberador, aunque este proceso liberador pueda resultar pervertido cuando se plantea como una intervención vertical e impositiva. Freire define esta educación domesticadora como "educación bancaria", opuesta a la educación liberadora.

El quicio que hace que un proceso educativo se decante en uno u otro sentido es la consideración de los educadores y de los educandos, que se afirma en una perspectiva antropológica. Desde la perspectiva de la educación bancaria, los roles de los educadores y educandos están claramente delimitados: el educador es "el que sabe" y el educando "el

---

[21] Medina (2000) citando a Flecha (1977: 107-108)

que no sabe". En la educación bancaria, el educando se considera un depósito vacío, en la que el educador va depositando el saber como quien deposita activos en un banco. El educando no tiene ningún papel activo en la construcción del conocimiento. Es más, si previamente hay algo en el depósito que se considera el educando, es preciso eliminarlo para dejar sitio a los nuevos saberes que el educador va a depositar en él. La metodología que se extrae de esta concepción, por lo tanto, reforzará en el educando su conciencia de que lo que sabe es erróneo, anulando su autoestima y tenderá a convertirlo en un depósito sumiso y acrítico ante todo aquello que el educador, "que sabe", tenga a bien otorgarle. La clase magistral, el aprendizaje abstracto y desvinculado de la vida, que aparece como un desafío inalcanzable, la implantación de normas estrictas y a menudo absurdas, son instrumentos metodológicos muy apropiados para reafirmar esa conciencia de inferioridad que, a su vez, se traduce en una gran dificultad por parte de los colectivos más desfavorecidos de acceder a un conocimiento que se les presenta como absolutamente ajeno a sus vidas y su experiencia.

Por el contrario, una educación liberadora sólo puede partir de la consideración de que tanto educadores como educandos son sujetos activos, con conocimientos, experiencias y criterios; y que el proceso educativo es un acto dinámico en el que todos resultan transformados, tanto educadores como educandos. La frase de Freire que probablemente define con más claridad este concepto es la siguiente: *"Nadie educa a nadie, así como nadie se educa a sí mismo, los hombres se educan en comunión, mediatizados por el mundo"* (Freire, 1985:90).El ser humano es un ser social, y necesita de otros seres humanos para desarrollarse. El conocimiento es siempre el resultado de un proceso de relación y diálogo donde se va construyendo el saber; un proceso en el que todos tienen algo que aportar, porque la experiencia vital de cada ser humano es original e irreductible. Una educación planteada desde este presupuesto será, por tanto, infinitamente respetuosa con los conocimientos previos de cada uno (incluso de los niños o de los considerados incultos), privilegiará la crítica, la originalidad, la personalización del aprendizaje y la vinculación a la vida personal y social; y utilizará metodologías que estimulen la búsqueda conjunta, privilegiando el diálogo.

En esta perspectiva, los roles de educador y educando se intercambian frecuentemente. Una educación liberadora sólo se puede llevar a cabo si el educador o educadora está dispuesto/a a situarse como educando, y da la oportunidad a los educandos de que, a su vez, participen del rol de educadores. Como hemos señalado, parte de una consideración antropológica de que todo ser humano es irreductible y original y tiene algo único que aportar a la construcción común del conocimiento y al desarrollo social. La pedagogía liberadora, por lo tanto, se esforzará por facilitar que todos los participantes tengan oportunidad y estímulo para aportar lo que sólo ellos pueden aportar y acoger los aportes de los otros. El aprendizaje principal, en esta perspectiva, es precisamente (en palabras de otras perspectivas psicológicas y educativas) aprender a aprender; adquirir las habilidades para incorporarse activamente al proceso social de construcción del conocimiento y transformación del mundo.

En ese proceso educativo, para Freire juega un papel fundamental la palabra. La palabra es el instrumento simbólico a través del cual los seres humanos aprehendemos el mundo y lo dominamos. Si esto ya es así con la palabra hablada, aún más con la palabra escrita y leída, que nos permite tomar la distancia necesaria para mirar la realidad con perspectiva, posicionarse ante ella e intervenir en ella.

Los seres humanos vivimos en un mundo de objetos, pero, aún más, vivimos en un mundo de lenguaje. El lenguaje es el instrumento principal de la interacción entre los seres humanos a través del que nos relacionamos entre nosotros y con el mundo. De ahí la importancia que da Freire a la alfabetización, no tanto en cuanto herramienta utilitaria para la capacitación de las personas para ejecutar tareas cuanto un proceso que modifica y enriquece las relaciones de la persona con el mundo y su capacidad de tomar conciencia de su propia realidad y de la realidad que la rodea y, a partir de ahí, poder intervenir de forma activa en su transformación.

Por eso el elemento central del método concreto de alfabetización de Freire es la palabra generadora. Se trata no sólo de aprender a leer, sino, sobre todo, de aprender a leer la realidad (Freire: 1993), situando a los educandos frente a la palabra, aprendiendo a descortezarla, a leerla desde la vida y a apropiarse de ella para poder formular una experiencia existente que, por falta de palabras, queda encerrada en la persona e incapaz de transformar la realidad. Dominar las palabras y ser capaz de poner palabra a lo vivido es el primer paso para transformar la realidad, porque de la experiencia y la vivencia formulada se extraen conclusiones que se transforman en actos. La realidad formulada puede ser problematizada y, a partir de ahí, se abren infinitas posibilidades. Sin ese paso por la palabra, instrumento simbólico de dominio de la realidad, queda muy limitada la posibilidad de actuación consciente y crítica ante la realidad. Hay en Freire una dinámica experiencia-palabra-acción a través de la cual los seres humanos transformamos el mundo. Cuando privamos a las personas de la palabra bloqueamos su capacidad de convertirse en agentes transformadores del mundo.

Desde esta perspectiva, el lenguaje guarda una gran relación con el poder, es un instrumento de poder. El poder no es tampoco una realidad intrínsecamente mala, sino una capacidad de hacer, intervenir, transformar. Puede ser perverso cuando se utiliza para impedir a otros ser, vivir o actuar. Pero el objetivo de una educación liberadora será, precisamente, dotar de poder a todas las personas, de modo que éste no sea utilizado para impedir el crecimiento y la vida de los otros en propio beneficio, sino para construir juntos un mundo donde todos podamos vivir en plenitud.

c) Aprendizaje cooperativo

En definición de Johnson, Johnson y Holubec (1999: 14, citado en Pujolàs, 2004), *"el aprendizaje cooperativo es el empleo didáctico de grupos reducidos en el que los alumnos trabajan juntos para maximizar su propio aprendizaje y el de los otros"*. Es, así, una metodología de enseñanza, pero que implica una serie de presupuestos claramente diferenciados de las metodologías de aprendizaje individual.

El aprendizaje cooperativo parte de la consideración de que el proceso de enseñanza no es unidireccional, del/la profesor/a al alumno/a, sino que es multidireccional. Muchas de las metodologías didácticas tradicionales se apoyan en una concepción no siempre explicitada de que el/la profesor/a es el que tiene algo que enseñar y el/la alumno/a individual el/la que tiene algo que aprender. En palabras de Freire, sería una concepciónbásicamente "bancaria" de la educación, donde se considera que la educación es un proceso de adquirir conocimientos en el que hay un "donante" o un comunicador (el/la profesor/a) y un receptor de estos conocimientos, que es el/la alumno/a independientemente considerado. Desde esta perspectiva, el agrupamiento de los/as alumnos/as se justifica principalmente por la imposibilidad de asignar un/a profesor/a a cada alumno/a individual, y, por tanto, viene a ser un "mal menor". Se procurará, consiguientemente, aminorar ese "mal necesario" buscando la mayor homogeneidad posible en el grupo de alumnos/as, de manera que el/la profesor/a pueda dirigir su único mensaje de manera conjunta a todos/as ellos/as. La existencia de alumnado con características heterogéneas respecto al grupo de alumnos/as es así un problema, porque requeriría otro/a profesor/a emitiendo un discurso adecuado para ellos/as; por eso la mayor preocupación es por aumentar los recursos y disminuir la ratio de alumnos/as por profesor/a. En el fondo de esta concepción, el/la profesor está manteniendo una relación individual con cada alumno/a; su discurso se dirige a cada individuo, y la necesidad de modificar el discurso choca con la imposibilidad de multiplicarse, y provoca la angustia de la imposibilidad de estar impartiendo todo el tiempo enseñanza a cada uno/a de sus alumnos/as.

Sin embargo, si se considera, como señala Freire, que en un proceso educativo todas las personas que intervienen asumen simultáneamente, aunque en distintas proporciones, el papel de educador/a y de educando/a, es posible caer en la cuenta de que el único recurso educativo humano, el único/a mediador/a del aprendizaje presente en el aula no es el/la profesor/a, sino todas las personas que participan en el proceso educativo. De hecho, y de forma natural, todos/as los/as alumnos/as aprenden y han aprendido a lo largo de la historia no sólo de su profesor/a, sino de sus compañeros, de igual manera que en el entorno familiar no sólo aprenden de sus padres, sino también de sus hermanos/as y de otras personas adultas y jóvenes, y de igual manera que hay una gran cantidad de aprendizajes que se desarrollan dentro y fuera de la escuela en el llamado "grupo de iguales".

Considerar a todos/as los alumnos/as no sólo como "educandos", sujetos receptores de educación, sino como "educadores", mediadores del aprendizaje, nos sitúa de una manera radicalmente distinta en el aula y modifica el papel del profesor/a. Este/a no ha de ser ya el único emisor de contenidos, el único educador, sino que más bien es la persona responsable de poner en juego todos los recursos educativos disponibles, incluidos los propios alumnos/as, para facilitar el aprendizaje de todos/as. En este cambio de perspectiva, no se tratará ya de que el alumnado sea lo más homogéneo posible, de forma que el/la profesor/a no tenga que diversificar su discurso, sino que la propia heterogeneidad se puede convertir en un potente recurso educativo. Estos son los planteamientos de fondo que sustentan una mirada cooperativa del proceso de enseñanza-aprendizaje que, así, es, sin duda, una metodología concreta que se puede aplicar en un momento determinado en el aula, pero es también una forma de concebir la enseñanza y las relaciones en el aula que permite acoger la diversidad y aprovecharla para el propio proceso de aprendizaje. Desde esta perspectiva, el agrupamiento del alumnado no es un mal menor – no sería deseable una enseñanza totalmente individualizada – sino una riqueza que no sólo aporta contenidos educativos en el ámbito de los valores y la socialización, sino en el ámbito del desarrollo cognitivo.

La cooperación, en palabras de los autores antes mencionados, "consiste en trabajar juntos para alcanzar objetivos comunes. En una situación cooperativa, los individuos procuran obtener resultados que sean beneficiosos para ellos mismos y para todos los demás miembros del grupo". La cooperación es una dinámica de relación y crecimiento que se opone a la competición, en la cual el objetivo de cada individuo es obtener más beneficios que los demás, y que está establecida de forma muy importante en el ámbito económico en nuestro sistema social. Desde una perspectiva competitiva, se asume que la definición del éxito es comparativa. No se tiene éxito cuando se consiguen unas determinadas cuotas de bienestar, ya sea económico o de cualquier tipo, sino cuando se supera a los demás y se logra obtener algo que los demás no tienen. El parámetro que mide el éxito en una perspectiva competitiva es la comparación con los demás. Así pues, competitivamente es posible destrozar el planeta a fin de sobresalir sobre los demás, aunque todos/as vivamos peor que si no hubiéramos destrozado los recursos en la lucha por ellos. En la competición se trata tanto de lo que uno obtiene como de lo que los demás pierden. Es esa ecuación que da la medida del éxito.

La competición se defiende desde la perspectiva de que obliga a cada persona a desarrollar todo lo posible sus capacidades, y, así, se entiende como motor de progreso. Pero ya hace mucho tiempo que incluso desde ámbitos empresariales se ha tomado conciencia de que la competición como dinámica social, sin atemperar, puede tener efectos desastrosos tanto para los individuos como para el conjunto de la sociedad.

La clave es el cambio en la concepción del éxito. Desde una perspectiva cooperativa, el éxito no se mide por el logro individual menos el logro de los demás, sino precisamente por la suma del logro individual más el logro del equipo. Si el logro individual es grande, pero a costa del logro del equipo, el propio logro pierde valor, porque el éxito individual incluye, en una alta proporción, el haber podido contribuir al logro del equipo. Si el equipo fracasa, por tanto, en la medida en la que el individuo ha asumido como propios sus objetivos y sus metas, el propio individuo fracasa.

Estas perspectivas (competitiva y cooperativa) son producto del aprendizaje. Aprendemos actitudes cooperativas o competitivas, porque aprendemos a recompensarnos o bien por nuestros logros en comparación con los de los demás o bien por nuestros logros en los objetivos que nos planteamos junto con otros. En una perspectiva competitiva, el éxito es mayor si no sólo yo obtengo lo necesario para vivir, sino si, además, todos los demás también lo obtienen, mientras que, en una perspectiva competitiva, para que mi logro sea considerado como éxito es necesario que sea a costa del fracaso de los demás.

Para poder abordar procesos de aprendizaje cooperativo es preciso educar en una actitud cooperativa, asumiendo como objetivo personal el objetivo del grupo. Esto no es tan difícil como pudiera parecer, porque la cooperación produce una serie de recompensas afectivas, de reconocimiento del propio valor, de experiencia de aceptación por parte de los otros y de crecimiento de la autoestima que son altamente reforzantes. Cualquier persona que haya tenido una experiencia de sentirse integrada en un grupo y de la satisfacción de haber contribuido eficazmente a lograr sus objetivos sabe positivamente que esa experiencia le ha resultado mucho más gratificante a nivel vital que cualquier experiencia de éxito solitario. Esto no es distinto con los niños y las niñas. Sin embargo, no siempre la escuela facilita estas experiencias, sino que, en muchas ocasiones, estimula que, frente a la cooperación natural, se introduzcan las actitudes de competición, evitando que haya contacto, amistad y apoyo entre buenos y malos estudiantes o acentuando unilateralmente la responsabilidad individual y la necesidad de sobresalir de forma independiente.

El aprendizaje cooperativo puede dificultar al/la profesor/a la tarea de atribuir méritos y responsabilidades. Tal vez por eso se tiende a preferir actividades y metodologías individuales, donde es fácil asignar los resultados a cada uno de los individuos. Sin embargo, las estrategias cooperativas multiplican los recursos y estímulos para el aprendizaje por diferentes vías:

- Valor de mediación. El aprendizaje cooperativo nos permite aprovechar la capacidad de mediadores del aprendizaje de todo el alumnado. No es preciso que el/la profesor/a esté enseñando individualmente a cada alumno/a, porque se puede establecer una red de mediación en el aula en el que cada uno de sus integrantes puede ejercer el papel de mediador, prestando sus capacidades a un compañero/a que lo necesita para su aprendizaje.

- Valor de modelado. El aprendizaje cooperativo permite integrar esta realidad del aprendizaje por modelado entre iguales, aprovechándola como recurso para el aprendizaje.

- Principio de actividad. El aprendizaje cooperativo implica en sí mismo un aprendizaje activo, ya que cualquier actividad que se plantee como objetivo de equipo requiere la participación activa de sus miembros.

- Educación en valores y educación de actitudes, al asignar valor a la cooperación y la solidaridad.

- Desarrollo de competencias y potenciación de la autoestima, al facilitar que cualquiera que sea la capacidad tenga un espacio de reconocimiento en el equipo.

- Capacidad motivadora. Lo que resulta evidente en todos los estudios realizados sobre el aprendizaje cooperativo es que tiene una gran capacidad motivadora. Ofrece al alumnado algo que hacer que incluye la relación con los iguales y la autoorganización en algún grado, lo que es en sí mismo motivador para el aprendizaje.

Capítulo V - IMPLEMENTACIÓN Y EVALUACIÓN DE ACCIONES FORMATIVAS DESDE LA PERSPECTIVA DE GÉNERO

1 LA IMPLEMENTACIÓN DE LOS PROGRAMAS DE EDUCACIÓN NO FORMAL

Elaborada la planificación, corresponde llevar a la práctica la acción o el programa planificado. La implementación es el proceso de puesta en práctica del plan o del programa, y se vuelve tanto más compleja cuanto mayor es la envergadura del mismo. En los planes de mayor alcance y en el que se involucra un mayor número de personas e interlocutores, la implementación requiere una planificación propia.

Son muchos los factores que entran en juego a la hora de poner en marcha un programa educativo. La planificación del programa en sí refleja un estado ideal de los objetivos que se pretende conseguir y el proceso educativo que se propone para ello. Se suelen especificar también los medios y recursos necesarios, que muchas veces aún no se han conseguido. Lograr llevar un programa a la práctica requiere la movilización de muchos recursos y personas en torno a ese programa, sea como destinatarios, como agentes o como patrocinadores, y esto implica una serie de estrategias que, en algunos casos en el campo educativo, tienden a ser subestimadas.

La implementación es el proceso que permite que el plan o programa se lleve a la práctica. Es muy posible que un programa de calidad resulte un fracaso por una mala implementación; de igual forma, es fácil que la implementación traicione el programa original y lo convierta en otra propuesta distinta a la planteada. El referente de una buena implementación es el programa diseñado[22].

---

[22] No deja de ser posible que una implementación poco fiel al programa planteado obtenga buenos resultados. Pero eso no quita que la implementación haya sido deficiente, aunque como consecuencia se produzcan resultados positivos.

Señalaremos algunas cuestiones relevantes en la implementación de los programas de educación no formal:

a) La **información y difusión** del programa. Los programas son necesariamente elaborados por equipos reducidos de personas. Incluso en el caso de que la elaboración del programa haya sido altamente participativa, es difícil que todos los implicados hayan alcanzado el mismo grado de comprensión y compromiso con el programa. Lo habitual es que para la implementación sea necesario el concurso de muchas otras personas que no han participado directamente en el diseño del programa, o no en alto grado. Por otra parte, normalmente es imposible que todos los destinatarios del programa hayan participado en su diseño, especialmente si son programas que se dirigen a un segmento amplio de la población.

La difusión del programa tiene, por tanto, como objetivo dar a conocer el programa propuesto y motivar hacia la participación en él, poniendo de manifiesto las posibilidades del mismo y vinculando a los distintos grupos que intervienen en su ejecución. Esta difusión es claramente necesaria cuando los agentes encargados de poner en marcha el programa son voluntarios o semi-voluntarios, esto es, cuando participan sin que medie un contrato laboral; pero sigue siendo necesaria cuando los agentes que participan en el programa son profesionales. En este último caso, es probable que no se nieguen a participar en el programa, pero es muy probable que, si no existe convencimiento sobre su utilidad o la estructura propuesta, ejecuten en la práctica un programa diferente al propuesto. Los programas educativos están en manos de los educadores; no sólo, pero sí en una gran medida.

La difusión ha de dirigirse, por lo tanto, a diferentes grupos de personas:

- Los ***dirigentes de la organización*** que respalda el programa o en cuyo seno se desarrolla. En las organizaciones de envergadura media o grande, no son estas personas las que diseñan la mayor parte de los programas. Sin embargo, son los primeros que han de conocerlo en profundidad y aceptarlo activamente, dado que tienen en su mano la llave para la ejecución. Ningún programa puede darse en el seno de una organización sin el respaldo de sus dirigentes.

- Los ***agentes educativos*** involucrados en la ejecución del programa: los educadores o formadores. Son los que van a ejecutar real y prácticamente el programa. De su comprensión, vinculación e identificación con el programa –además de los recursos con los que disponen, que trataremos posteriormente – depende en buena medida que el programa se lleve efectivamente a cabo.

- Los ***destinatarios del programa***. Como hemos señalado, una de las características de los programas de educación no formal es la voluntariedad de los participantes en los mismos. Éstos han de conocer y comprender el programa que se les está proponiendo para valorar en qué medida responde a sus necesidades. Si el programa está adecuadamente diseñado, estará pensado para que responda a ellas: necesitan la información suficiente para valorar lo que el programa les puede aportar.

   Señalaremos como nota al margen que los programas de educación formal también se ven beneficiados por una adecuada información y difusión entre sus destinatarios, aunque, como en muchas ocasiones se trata de "público cautivo", tiendan a obviarla.

- Los ***patrocinadores económicos***. Los programas de educación no formal no cuentan, como los programas de educación formal, con una dotación de partida de medios y recursos. Suelen necesitar el concurso de financiadores, entre los cuáles se encuentra la propia organización que los respalda, pero normalmente, tampoco la organización cuenta con todos los recursos necesarios. La difusión del programa a este nivel también es una condición para su adecuada implementación.

b) La **consecución de los medios**. Normalmente, los programas de educación no formal adolecen de una gran escasez de medios. Y ningún programa, por bueno que sea el planteamiento que lo sustenta, puede desarrollarse sin medios. La búsqueda de los medios y recursos necesarios es otra de las grandes tareas en los procesos de implementación.

Al hablar de medios y recursos incluimos tanto los recursos humanos, fundamentales en los procesos educativos, como los medios económicos. Es cierto que los segundos son, en buena parte, condición sine qua non para los primeros, pero la dotación económica en sí misma no garantiza los recursos humanos adecuados. La implementación requiere la selección y búsqueda de los recursos necesarios para el desarrollo del programa.

- ***Recursos humanos***: para el desarrollo de cualquier programa educativo no sólo es necesaria la difusión e información a los agentes educativos que han de llevarlo a cabo. El mejor de los convencimientos no suple la carencia de recursos pedagógicos. La implementación del programa requiere atender, además de a la información y difusión, a la selección y formación de los agentes educativos que van a intervenir en el proceso.

  La remuneración o ausencia de remuneración de los agentes educativos es una cuestión importante. El voluntariado es éticamente muy deseable, pero requiere un gran número de candidatos a voluntarios y una gran motivación por parte de los mismos para que les sean exigibles los mínimos de capacitación requeridos para el adecuado cumplimiento del programa. Si el programa se apoya en el voluntariado, en todo caso, será necesaria mucha mayor atención a la formación y preparación de los agentes educativos. Esta misma atención requiere la existencia de profesionales cualificados y remunerados, con disponibilidad horaria, para atender y cualificar la tarea del voluntariado.

- ***Recursos materiales o económicos***. En los programas educativos los recursos cruciales son los educadores o formadores, y su atención, formación y dedicación requieren la mayor parte de los recursos económicos disponibles. Sin embargo, existen otras necesidades: material didáctico, aulas, transporte. En muchos programas de educación no formal los participantes afrontan una buena parte de los gastos generados por el programa, pero limitarse a esa fuente de financiación obliga a dejar fuera a las personas con menores recursos, que no pueden sufragar los gastos implicados en la actividad formativa. Para que el programa pueda llegar a sus destinatarios reales sin restricciones suele ser necesario procurarse fuentes de financiación alternativas. En la cuestión de los equipamientos suele ser necesario aprovechar los equipamientos de otros programas o instituciones.

c) La **ejecución del programa**. La ejecución del programa requiere, en primer lugar, una secuenciación en su realización. Un programa o un plan de largo alcance no puede, normalmente, ni debe, implementarse de una sola vez. Algunas acciones suelen ser necesarias para el desarrollo de otras, y esto requiere una secuenciación adecuada y planificada.

Por otra parte, la ejecución es el punto crítico del programa. Será necesario establecer mecanismos de control o de información y evaluación que permitan contrastar hasta qué punto cada acción formativa implicada en el programa está llevándose a cabo de acuerdo con lo planificado. Esto no quiere decir que no pueda haber variaciones; simplemente que es preciso conocer cómo se está desarrollando el programa en su ejecución concreta y qué variaciones se están realizando para poder evaluar y contrastar la puesta en práctica del mismo.

d) La **organización o institucionalización del programa**. La implementación de programas de educación no formal, especialmente si son de amplio alcance, supone una gran cantidad de cuestiones administrativas y organizativas que consumen tiempo y recursos, y que son también de suma importancia. La expedición de certificados, el control de la asistencia, la homologación de la formación, en algunos casos, la remuneración a los profesores, y un largo etc. son ejemplos de cuestiones organizativas y administrativas que no se pueden dejar de lado y requieren una cuidadosa planificación. Máxime si la ejecución del programa requiere la confluencia de diferentes organizaciones.

Por otra parte, los programas, incluso de educación no formal, requieren un cierto grado de institucionalización. El respaldo institucional del programa y la adecuación de la organización que lo respalda para responder a las exigencias del mismo es una cuestión relevante a tener en cuenta en el proceso de implementación. No se puede conseguir (o sólo muy brevemente) que un programa "tenga éxito" a base de institucionalizarlo. Pero no generar los cauces institucionales necesarios para sustentar, consolidar y desarrollar un programa es la manera más segura de acabar con él antes de que pueda demostrar su potencialidad. La fuerza intrínseca del programa sólo se puede desarrollar si cuenta con unos medios materiales e institucionales mínimos. Y si bien no es conveniente sustituir la fuerza intrínseca de una propuesta o un programa por la autoridad institucional, especialmente en las instituciones ampliamente jerarquizadas, la ausencia de autoridad o respaldo institucional es una de las mayores trabas posibles para el desarrollo adecuado de un programa.

La implementación del programa, por tanto, es una tarea sumamente compleja y donde confluyen cuestiones políticas, económicas, institucionales y administrativas además de las propiamente educativas.

2   LA EVALUACIÓN EDUCATIVA

2.1   QUÉ ES LA EVALUACIÓN

La evaluación es una acción indispensable en todo proceso humano, se realice de forma informal o sistemática. Se trata de realizar un juicio de valor respecto a un determinado aspecto de la realidad. La evaluación es la actividad que nos permite detectar los errores o los procesos que provocan un resultado diferente al esperado, que nos permite aprender de ellos y consolidar prácticas que resultan beneficiosas para nosotros y nuestros objetivos. El ser humano está constantemente evaluando. Vive, aprende y crece evaluando.

Así pues, toda persona que desarrolla un proceso educativo realiza una evaluación del mismo, al igual que hacemos con todas las actividades de la vida diaria. La evaluación no es, en ese sentido, una "adquisición reciente" de la práctica educativa. Lo que es más reciente es la sistematización de ese proceso espontáneo, intuitivo, de la evaluación educativa. Esta sistematización ha venido de la mano de diferentes factores: la formalización de la educación y su función de acreditación, la escolarización obligatoria y la educación pública, la perspectiva tecnológica del currículum y el desarrollo y aplicación de paradigmas y técnicas de investigación social a la realidad educativa. La evaluación se introduce en el sistema educativo en la Edad Media, a partir de la necesidad de establecer algún sistema selectivo para la obtencióno de grados (función de acreditación). La escolarización obligatoria y la educación pública extendieron esta función, y, combinadas con la perspectiva tecnológica del currículum, introdujeron la necesidad de evaluación como forma de valorar si el sistema educativo estaba cumpliendo las funciones que socialmente se le encomendaban (función de control). Por último, el desarrollo de las técnicas de investigación social y su aplicación al campo educativo permitieron un incremento en la sistematización y el rigor de las evaluaciones, tanto del alumnado, como del sistema educativo.

La primera consideración que hay que tener en cuenta al hablar de la evaluación educativa es que es indisociable del conjunto del método pedagógico-didáctico y lo condiciona. Por lo tanto, existirán tantas concepciones de la evaluación como concepciones didácticas; y en cada una de ellas la evaluación servirá a unas funciones determinadas. Esta relación entre el conjunto del método pedagógico y la evaluación se da en dos direcciones: de cómo se conciban el resto de los elementos del proceso de enseñanza-aprendizaje (objetivos, contenidos, actividades, metodología) dependerá la importancia y el papel que ocupe la evaluación en el conjunto del proceso; y viceversa: cómo se conciba y realice la evaluación determinará en buena medida el papel del resto de los elementos del proceso de enseñanza-aprendizaje. Esto es: es incoherente que nos planteemos objetivos de tipo abierto, orientados hacia la creatividad, la generación de actitudes críticas y el pensamiento divergente y que la evaluación consista únicamente en pruebas objetivas de carácter memorístico (tipo test); de igual forma, si lo que evaluamos finalmente son contenidos memorísticos a través de exámenes tipo test, esta evaluación desviará nuestros objetivos e incluso nuestra metodología y contenidos hacia lo que es efectivamente necesario para superarla. Qué evaluamos y cómo lo hacemos es tan importante – o más – para caracterizar un proceso educativo como la declaración de intenciones educativas expresadas en los objetivos o el propio programa detallado de cada una de las sesiones en las que se desarrollará el proceso. Un buen ejemplo es cómo la Prueba de Acceso a la Universidad tiende a orientar todo el proceso de enseñanza-aprendizaje de 2º de Bachillerato.

Dicho esto, hay diversas definiciones de la evaluación educativa que, como se puede esperar, reflejan estas diferentes perspectivas. Gimeno Sacristán (1983: 215) la define como *"un instrumento de investigación en la didáctica: (consistente en) comprobar hipótesis de acción metodológica para ir acumulando recursos metodológicos que tienen una eficacia comprobada en la acción, e ir engrosando de esta manera el apartado de la técnica pedagógica fundamentada científicamente"*. Scriven (1967) la define, de forma más genérica y amplia, como *"el proceso por el cuál se determina el mérito o valor de algo"*. Tenbrink (1981: 22), por su parte, la define como *"el proceso de obtener información y usarla para formar juicios que a su vez se utilizarán en la toma de decisiones"*. Calatayud Salom (2007), a su vez, señala que *"la evaluación es un proceso de recogida de información que implica una comprensión (basada en datos, información, etc) y un juicio de valor (basado en criterios, normas, etc) orientado a la toma de decisiones que contribuyan a la mejora de la institución escolar."*

En síntesis: lo que caracteriza la evaluación es la realización de un **juicio de valor**, que requiere:

- Una información que ha de ser recogida previamente. De la sistematicidad y rigor de esta recogida de información dependerá en buena medida la sistematicidad y el rigor de la evaluación.

- Un referente respecto al cuál se establecen los juicios de valor. Para decir si algo está "bien", o "mal", hemos de establecer previamente qué es lo "bueno" y lo "malo", lo adecuado e inadecuado, satisfactorio e insatisfactorio.

- Un juicio de valor sobre el resultado de la comparación entre la información recogida y el referente, que requiere una interpretación de los datos en mayor o menor medida.

- Aunque no siempre se incorpora, para que la evaluación fuera completa sería necesario que realizara un análisis de las causas por las cuáles se ha obtenido ese resultado en contraste con las hipótesis previas. Cuando se da este paso, la evaluación realmente se convierte en investigación, según la definición de Gimeno. Por ejemplo, si en la programación se pretende trabajar las actitudes cooperativas del alumnado a través de una metodología de aprendizaje cooperativo, estamos presuponiendo la hipótesis de que una metodología de aprendizaje cooperativo, aplicada en estas condiciones, produce un desarrollo de actitudes cooperativas. Si al finalizar el curso evaluamos que no ha habido incremento en las actitudes cooperativas del alumnado, tendremos que analizar el conjunto de la información para ver si nuestra hipótesis inicial no era correcta o cuáles han podido ser las causas que hayan hecho que no se haya producido ese aprendizaje.

La medición de características (la puntuación de una nota en un examen) no es evaluación; forma parte de la recogida de información. La evaluación se produce cuando se contrasta la medición realizada de la realidad con el referente establecido, y se realiza un juicio de valor sobre la realidad medida.

Normalmente la evaluación sirve para tomar determinadas decisiones, que pueden ser de muy diverso carácter: desde promocionar de curso o dotar de más fondos o suprimir un determinado programa educativo hasta establecer sistemas de recuperación o corregir el funcionamiento de un programa. Las decisiones que esperamos tomar a partir de la evaluación determinan el tipo de evaluación que hacemos y la información que pretendemos recoger en ella. No es lo mismo evaluar con la única intención de calificar el aprendizaje de un/a alumno/a que evaluar con intención de detectar cuáles son las necesidades que este/a alumno/a tiene para mejorar en su aprendizaje.

Gimeno Sacristán (1983: 222-224) hace hincapié en la importancia de que la evaluación educativa tenga un carácter integral, de manera que incorpore tanto el programa, el proceso y el resultado como los distintos tipos de aprendizajes, deseados y no deseados, que se producen en el mismo. Esta concepción de la evaluación está en consonancia con la perspectiva de los objetivos abiertos, que, como recordaremos, se concretan en resultados diferentes en cada uno/a de los/as educandos/as en función de su realidad.

3   FUNCIONES DE LA EVALUACIÓN EDUCATIVA

La evaluación educativa responde, por tanto, a muy diferentes funciones; y determinados sistemas de evaluación responden en mayor medida a unas u otras de estas funciones. Diversos autores clasifican estas funciones de una u otra manera; nos apoyaremos en la clasificación que presenta Calatayud Salom (2007):

- Función diagnóstica de aprendizaje. La evaluación debe servir para aprender: se busca un conocimiento sistemático de la realidad que permita corregir errores o defectos. Esta función se puede cumplir a dos niveles: cuando a partir de la información recabada se detectan las dificultades y fortalezas y se establecen sistemas para solucionar las dificultades y mejorar el aprendizaje, en primer lugar; pero también cuando la propia evaluación está diseñada de manera que el propio proceso evaluativo sirva para el aprendizaje. Por ejemplo: la corrección sucesiva de un ejercicio con vistas a su mejor realización es un proceso de evaluación que está sirviendo para el aprendizaje del/a alumno/a.

- Función informativa y de "rendición de cuentas" (lo que en inglés se denomina "accountability"). La evaluación tiene también una función de hacer públicos los resultados y el funcionamiento de un programa o centro educativo, de cara a justificar o cuestionar la inversión que se está realizando en el mismo.

- Función psicológica o socio-política. La evaluación se utiliza en muchas ocasiones para motivar, castigar o premiar, tanto a educandos/as como a las propias instituciones.

- Función para la toma de decisiones y control administrativo. La evaluación permite obtener la información necesaria para tomar decisiones respecto a un programa o una persona: así, la promoción o no de curso, la continuidad o no de un programa, pero también la mejora del mismo. Dentro de esta función cabe señalar lo que se ha llamado también como función de selección y acreditación. Esta función no es la más desarrollada en la literatura, pero, en la realidad, es para la que se utiliza la evaluación con mayor frecuencia. En ocasiones precisamente la evaluación se reduce a esta función de selección y acreditación.

3.1   TIPOS DE EVALUACIÓN

A lo largo del proceso de reflexión acerca de la evaluación se han ido identificando diferentes "tipos" de evaluación en relación a la función específica que cumplen en el proceso de enseñanza-aprendizaje. Vamos a agruparlas en función de tres criterios: el momento del proceso en que se realiza la evaluación, el referente utilizado para realizar los juicios de valor y la relación entre la evaluación y el proceso general de enseñanza-aprendizaje.

a) En función del momento en el que se realiza la evaluación, podemos distinguir entre:

- Evaluación inicial, que se realiza para obtener un diagnóstico previo de los aprendizajes de partida de los educandos/as o las situación inicial de un determinado colectivo destinatario para el que se pretende desarrollar un programa. Si hablamos de la educación formal, actualmente esta evaluación inicial pretende determinar el Nivel de Competencia Curricular inicial de un/a alumno/a, esto es, qué competencias de las establecidas en el currículum para su edad y curso escolar ha conseguido y cuáles no.

- Evaluación intermedia; esto es, la evaluación del aprendizaje o del desarrollo del programa durante el proceso, a fin de corregir o implementar medidas que permitan mejorarlo.

- Evaluación final, que pretende realizar la valoración de los aprendizajes conseguidos durante un programa o los resultados finales de un programa. Esta evaluación final, contrastada con la inicial y la intermedia, nos da la medida de lo conseguido a lo largo del proceso.

b) En función del referente que se utilice para establecer la valoración positiva o negativa, hablamos de:

- La *evaluación normativa* mide a cada uno de los sujetos en referencia al grupo, esto es, mide los logros en función de los logros conseguidos por los demás miembros del grupo. Lo que determina la valoración de las personas es su comparación con la media del grupo.

- La *evaluación criterial* pretende evaluar a cada sujeto en función de criterios previamente establecidos que se han definido como tales. Cada persona se compara, por lo tanto, con estos criterios externos independientemente del logro del resto del grupo. Para realizar una evaluación criterial es imprescindible establecer criterios de evaluación.

c) Por último, la evaluación también se puede considerar desde el punto de vista de su relación con el proceso formativo. Así, podemos diferenciar entre:

- La evaluación formativa, que pretende ofrecer orientación para la continuación del proceso de aprendizaje. Suele desarrollarse como evaluación continua.

- La evaluación sumativa pretende ofrecer información sobre los resultados finales del aprendizaje; suele coincidir con la evaluación final y desemboca, normalmente, en la certificación o validación de los aprendizajes adquiridos.

Estas diferentes categorizaciones pueden agruparse de distintas formas. Esto es, la evaluación inicial puede realizarse como evaluación normativa o criterial, y tener una función formativa o sumativa. En los procesos de educación formal o académica, la evaluación del aprendizaje tiene necesariamente una función sumativa y de certificación, aunque pueda incorporar otras dimensiones.

3.2   ÁMBITOS DE EVALUACIÓN

La evaluación involucrada en el desarrollo de programas educativos abarca diferentes ámbitos o dimensiones. Dependiendo del tipo de programa, es frecuente que se preste más atención a una u otra de estas dimensiones: la mayor parte de los programas de educación formal evalúan casi exclusivamente los aprendizajes del alumnado, mientras que en los programas de educación no formal tiende a descuidarse esta evaluación del aprendizaje para centrarse en aspectos más globales. En todo caso, si tenemos en cuenta que la educación es un proceso de cambio en los individuos que se realiza por intermedio de otras personas de manera intencional, será preciso evaluar:

- El cambio en las personas (evaluación del aprendizaje)

- El proceso por el que se produce este cambio (evaluación del proceso)

- La adecuación de la intencionalidad a los resultados obtenidos (evaluación del programa)

a) La evaluación del aprendizaje

Se trata de la evaluación de la incidencia del programa en los sujetos individuales, los educandos/as o personas destinatarias del programa. Los procesos de educación no formal no suelen centrar la atención en la evaluación del aprendizaje, dado que no tienen la presión de la certificación. Cuando lo hacen, tienden a dar menos importancia a la evaluación final y sumativa. Los programas de educación formal se centran, en ocasiones casi exclusivamente, en este aspecto.

Esta evaluación del aprendizaje puede incorporar todo tipo de aprendizajes: cognitivos, actitudinales y procedimentales, aunque lo más habitual es que, en los programas que incorporan contenidos cognitivos, hagan una mayor incidencia en éstos. Debe incorporar diferentes sistemas de medida en función de los diferentes aspectos que pretende medir.

Se pueden aplicar distintas técnicas e instrumentos para la evaluación del aprendizaje. Esto es, la evaluación del aprendizaje no tiene por qué asumir el esquema del examen tradicional. Como ya hemos señalado, el método de evaluación que se utilice tiene una gran incidencia en el propio proceso de aprendizaje, y en muchas ocasiones, introducir el examen clásico para la medición de los objetivos cognitivos puede desvirtuar y convertirse en un obstáculo para la consecución de otros objetivos de tipo actitudinal o social. Será preciso, por tanto, buscar métodos de evaluación que sean coherentes con el resto de los elementos del programa. La identificación de la evaluación del aprendizaje con el examen hace que muchos procesos de educación no formal renuncien a realizarla, perdiendo una valiosa información para la calidad de la formación y el servicio que se está prestando.

Tanto en los programas de educación no formal como en los de educación formal la evaluación del aprendizaje, aunque no deba ser la única importante, es necesaria para establecer itinerarios personales de progresión en el aprendizaje y, si se concibe como evaluación formativa, es un elemento que dota de calidad a los procesos, tanto en su desarrollo como en sus resultados. Obviar la evaluación del aprendizaje hace difícil desarrollar programas que realmente provoquen un buen nivel de aprovechamiento en los alumnos.

b) La evaluación del proceso

Los programas de educación no formal suelen utilizar en su evaluación con mayor frecuencia métodos e indicadores de evaluación del proceso, que permiten valorar cómo el programa se está llevando a cabo y corregirlo; pero es importante también para los programas de educación formal. Dentro de los elementos de evaluación del proceso podemos señalar los siguientes:

- *La implementación*. Se trata de valorar hasta qué punto el programa se está llevando a cabo de acuerdo con lo previsto y qué errores o problemas se detectan en su implementación: recursos humanos y materiales, ejecución concreta de las acciones formativas, participación de los destinatarios, etc.

- *Expectativas de los participantes*. Es frecuente incorporar la evaluación de las expectativas de los participantes a la puesta en marcha del programa formativo.

Adecuadamente realizada, esta valoración permite un ajuste del programa a los destinatarios, aunque corre el riesgo de orientar todo el programa únicamente por ellas. Las expectativas de los participantes concretos son una información valiosa de partida, pero no necesariamente el único criterio para desarrollar el programa.

- *La satisfacción de los participantes*. En los programas de educación no formal es muy frecuente – y a veces también en los programas de educación formal – que se atribuya gran importancia a la satisfacción de los participantes en el programa, hasta el punto de que en muchas ocasiones esta es la única evaluación que se realiza. Ciertamente, en los programas en los cuáles la participación es voluntaria la satisfacción de los participantes es una variable importante para la continuidad o no continuidad del programa. Esta satisfacción se suele medir mediante cuestionarios de diferentes tipos.

La satisfacción de los participantes es una medida importante en la evaluación de cualquier programa educativo si concebimos la educación como un proceso en el cuál los educandos son los protagonistas del mismo. Sin embargo, si esta es la única evaluación que se realiza corre el riesgo de caer en el clientelismo, desviándose de los verdaderos objetivos del programa. La satisfacción está ligada a muchas variables, y no necesariamente un alto grado de satisfacción se corresponde siempre con un alto grado de aprendizaje, aunque tampoco lo contrario.

- *Los(as) formadores(as)*. En los programas de educación no formal es también habitual realizar con mayor frecuencia que en los programas de educación formal una evaluación de los formadores, normalmente desde el punto de vista de los participantes.

- *La metodología*. Se trata de evaluar hasta qué punto la metodología que se está empleando se corresponde con la propuesta del programa, en primer lugar, y, en segundo lugar, la eficacia de esa metodología y las alternativas existentes.

c) La evaluación del programa

También se privilegia en los programas de educación no formal, dado que necesitan "rendir cuentas" sobre sus resultados a sus financiadores o patrocinadores. En la educación formal suele plantearse esta evaluación de los programas desde una perspectiva más "macro" que obvia, en muchas ocasiones, la necesidad de una recogida de información de base más sistemática y contextualizada. Se hace evaluación de los programas educativos, en este sentido, cuando se hace una valoración de resultados con el objetivo de revisar el sistema educativo; por ejemplo, el Informe PISA. Situamos en este apartado una serie de aspectos a evaluar para adquirir una visión global de la eficacia y calidad del programa.

- Evaluación de *impacto*. Lo primero que se acostumbra a medir es el número de participantes en el programa, lo que es una primera medición del impacto del mismo. Cuántos y quiénes se están beneficiando del programa que se está realizando. Dentro de la evaluación del impacto habría que incorporar, aunque no se hace siempre, la evaluación del impacto que el programa está teniendo en los participantes (evaluación del aprendizaje).

- Evaluación de *transferencia*. Normalmente los programas educativos tienen una dimensión instrumental: se pretende que las personas aprendan "para"; con una finalidad que va más allá del propio programa. La evaluación de transferencia mide hasta qué punto los aprendizajes que se están realizando tienen incidencia en la vida de las personas (sea en forma de inserción laboral, cambios actitudinales y vitales, u otras cuestiones en función de los objetivos y la orientación del programa), así como hasta qué punto esta incidencia provoca impacto en las organizaciones en las que están inmersos. La educación tiene siempre una dimensión social y cualquier proceso educativo tiene repercusiones en la configuración de las relaciones sociales. La evaluación de transferencia (que habitualmente no se realiza) trata de medir hasta qué punto estas relaciones se ven transformadas por el proceso educativo realizado.

- *Las actividades o las acciones formativas involucradas.* Un elemento sencillo para la evaluación del programa es la realización de las acciones formativas previstas y la evaluación puntual de cada una de ellas, normalmente medida en términos de datos objetivos y satisfacción de los participantes. Las evaluaciones más cuidadosas incluyen la valoración del logro de los objetivos de cada una de las actividades puntuales.

- *Efectos imprevistos.* Todos los programas producen efectos imprevistos, positivos o negativos. La evaluación del programa debe incluir la recogida de un amplio conjunto de datos que permita detectar efectos no previstos del programa: cambios en el perfil de los participantes, nuevas demandas formativas, etc.

- *Coherencia del programa.* La práctica evaluada permite contrastar la coherencia interna del programa y su coherencia y adecuación a la realidad en la que trabaja: expectativas de los destinatarios, características de partida, necesidades reales, contexto social y organizativo.... Permite validar el diagnóstico inicial de necesidades. Esto debería desembocar en un nuevo diagnóstico de necesidades – una vez implementado el programa – para orientar el desarrollo subsiguiente.

3.3   *TÉCNICAS E INSTRUMENTOS DE EVALUACIÓN*

Tanto la evaluación del aprendizaje, como el proceso, como el programa, requiere de una serie de técnicas e instrumentos, tanto para la recogida de la información y los datos de la realidad como para el análisis e interpretación de esos datos y para la valoración de éstos. Los métodos, paradigmas, modelos y técnicas que se utilizan en la evaluación educativa son, en la mayoría de los casos, las mismas que se aplican en cualquier proceso de investigación social, en tanto en cuanto procesos sistemáticos de conocimiento de la realidad; si bien hay técnicas concretas directamente surgidas y creadas desde la práctica educativa, especialmente en lo referido a la evaluación de los aprendizajes. Pero, en general, todas las técnicas de investigación pueden ser aplicables a la realización de procesos de evaluación.

Comenzaremos revisando brevemente algunos conceptos básicos, centrándonos en tres elementos que deben estar presentes en la planificación de la evaluación de cualquier proceso educativo: criterios, indicadores, instrumentos, así como de los conceptos de validez y fiabilidad; para luego dar una mirada general a las técnicas de recogida de la información y enumerar los instrumentos más importantes que podemos utilizar para la evaluación de procesos educativos.

a) Conceptos básicos: criterios, indicadores, instrumentos.

Hay tres conceptos básicos que debemos manejar en la elaboración de cualquier planificación educativa: los criterios, los indicadores y los instrumentos. Son los elementos que hacen posible definir y concretar qué queremos evaluar (indicadores), en referencia a qué (criterios) y cómo (instrumentos)

Los programas educativos sirven normalmente a objetivos que no se pueden medir directamente, especialmente si optamos por elaborar objetivos abiertos. Incluso cuando trabajamos con objetivos conductuales es fácil que haya aspectos de los mismos que no son directamente observables. Por eso, no es suficiente con evaluar "los objetivos", sino que es preciso determinar qué indicios (indicadores) vamos a considerar como relevantes para conocer la realidad.

Los ***indicadores*** son aspectos directamente medibles que consideran como indicios útiles para conocer el aspecto de la realidad que deseamos conocer. Por ejemplo, si lo que queremos saber es en qué grado el alumnado ha adquirido la destreza de sumar, podemos establecer como indicador el porcentaje de respuestas correctas en un conjunto de sumas de dos cantidades de tres dígitos. En realidad, no podemos medir la destreza de la suma; únicamente podemos medir si las respuestas son o no correctas. En puridad, podrían ser correctas por casualidad, o porque han copiado; o ser incorrectas porque el/la alumno/a da deliberadamente una respuesta incorrecta teniendo la destreza de sumar. No podemos medir lo que está en el interior de la persona. Pero podemos considerar que el porcentaje de respuestas correctas en esa prueba es un indicio bastante válido y fiable de la destreza que estamos intentando medir; por eso lo consideramos un indicador. En ocasiones, junto con el indicador señalamos el porcentaje de acierto esperado para valorar que una destreza se ha adquirido.

Los *criterios*, por otra parte, son la referencia que vamos a tener en cuenta para considerar que un objetivo se ha cumplido suficientemente, o para valorar el desarrollo de una competencia, o para evaluar una realización concreta. Si los indicadores miden la realidad, los criterios establecen la referencia con la que se confronta esa realidad. En una evaluación normativa el criterio será el lugar que ocupan en la curva normal del grupo, en una evaluación criterial los criterios son más descriptivos.

Por ejemplo, los criterios de calificación y evaluación en una evaluación normativa típica del mismo caso de la suma que hemos comentado serían:

- o Puntuaciones por debajo de la media menos una desviación típica – Suspenso.

- o Puntuaciones por debajo de la media en un intervalo que va desde la media hasta la media menos una desviación típica – Aprobado.

- o Puntuaciones por encima de la media en un intervalo que va desde la media hasta la media más una desviación típica – Bien.

- o Puntuaciones por encima de la media en un intervalo que va desde la media más una desviación típica hasta la media más dos desviaciones típicas – Notable.

- o Puntuaciones por encima de la media más dos desviaciones típicas – Sobresaliente.

En una evaluación criterial, sin embargo, los criterios respecto a este mismo objetivo se formularían más bien como "realizar sumas de dos cantidades de dos dígitos cada una con un porcentaje de acierto superior al 60 %". También podríamos formularlo simplemente como "ser capaz de realizar sumas de dos cantidades de dos dígitos cada una" y dejar el establecimiento del nivel de acierto para el momento en el que se define el indicador. Lo importante es que entre el criterio y el indicador quede claro qué se va a medir y qué se va a considerar como logro suficiente.

Por otra parte, para la medición de los indicadores necesitamos ***instrumentos***. Estos son los elementos que registran la información que se va a utilizar para medir los indicadores.

En el ejemplo que estábamos desarrollando:

Objetivo	**Adquirir y consolidar el concepto y la destreza en la operación de la suma**
Criterio 1	Capacidad de realizar sumas de dos cantidades de dos dígitos cada una
Indicador 1	Porcentaje de acierto superior al 60 % en la suma de cantidades de dos dígitos cada una al finalizar el curso en cualquiera de los dos instrumentos de medida.
Instrumento 1.1	Pregunta en el examen final con 6 sumas de dos cantidades de 2 dígitos cada una.
Instrumento 1.2	Ejercicios de sumas de dos cantidades de dos dígitos cada una en las dos últimas semanas del curso.

Algunas precisiones importantes:

- A un indicador pueden corresponder varios instrumentos de medida, así como a un criterio pueden responder varios indicadores. Como podemos ver, al establecer en este caso dos instrumentos de medida, se hace necesario especificar en el indicador en qué instrumento nos vamos a fijar o cómo vamos a conjugarlos. En este caso se ha optado por que un 60 % de acierto en cualquiera de los dos instrumentos se considere como suficiente, para, por una parte, neutralizar el factor de tensión que puede hacer fallar en el examen y, al mismo tiempo, permitir que el/la alumno/a que logra la destreza más tardíamente supere el criterio. Así pues, si un alumno/a ha demostrado que ha adquirido la destreza a través del instrumento 1.2., no se le penalizará si no supera el instrumento 1.1.; pero el/la alumno/a que no haya logrado adquirir la destreza en el trabajo de clase tiene aún una oportunidad de superarla en el examen. Otra manera de hacerlo hubiera sido establecer el 60 % entre ambos instrumentos, pero eso hubiera colocado en situación de handicap al alumnado más lento en adquirirla (en todo caso, esto se podría corregir exigiendo un nivel final de acierto más bajo); otra, limitarse al examen, pero eso podría hacer que alumnos/as con un buen nivel de dominio de la destreza fueran evaluados negativamente por efecto del despiste u otros fenómenos que se pueden dar en los exámenes.

o El objetivo que hemos señalado requeriría sin duda de otros criterios, dado que este indicador no mide la comprensión del concepto de la suma. Un ejercicio puede ser formular criterios e indicadores para completar la evaluación de este objetivo.

Respecto a los instrumentos de evaluación, al igual que respecto a otros instrumentos de investigación, es importante valorar dos aspectos:

o La *validez*, que es en qué medida el instrumento mide lo que dice medir. Esto es, en el ejemplo del examen, se trataría de valorar hasta qué punto la realización de esas sumas que se proponen en ese examen sirven para saber la destreza del alumnado en la realización de sumas de esas características (por poner un ejemplo, si todas las sumas fueran de cantidades múltiplos de 10, probablemente la pregunta no fuera válida para medir la destreza en la suma de todo tipo de cantidades de dos dígitos, sólo para las que son múltiplos de 10).

o La *fiabilidad*, que es hasta qué punto el instrumento mide siempre de la misma manera, independientemente de lo que mida. Por ejemplo, un examen puede no ser muy fiable en la medida en la que está muy sujeto a circunstancias ajenas a él. Para que fuera fiable deberíamos garantizar que siempre que lo pasamos hay condiciones homologables, en el contexto y en el alumnado. En un ejemplo más simple; la fiabilidad de una cinta métrica podría ser buena aunque sus medidas estuvieran mal señaladas (en ese caso tendría mucha fiabilidad pero baja validez); sin embargo, un metro hecho de un material que se dilatara con la más mínima variación de temperatura no sería fiable, porque nos daría una medición diferente de otra según variara la temperatura, no nos podríamos "fiar" de él. Y, si no es fiable, su validez estaría afectada por su falta de fiabilidad.

Existen procedimientos para estudiar la fiabilidad y validez de los instrumentos de medida. En la evaluación de los aprendizajes estos conceptos son aplicables, aunque normalmente no se siguen con rigurosidad las normas para estudiar la fiabilidad y validez de los mismos (dado lo insertos que están en los procesos de enseñanza-aprendizaje, no sería posible), pero es importante tenerlos como referencia. Y en la evaluación de programas y procesos es conveniente procurar la máxima fiabilidad y validez de los instrumentos de medida que utilicemos.

b) Técnicas de recogida de información

Como clasificación general de las técnicas que podemos utilizar en educación para recoger información nos puede servir la que proponen Cabrera y Espín (1986: 51-52)

Técnicas de prueba

Están diseñadas para medir el dominio que un sujeto (podría tratarse también de un grupo) muestra de una habilidad, conocimiento o destreza determinada en una situación de prueba, esto es, en una situación controlada a través de la ejecución de un conjunto de tareas que se consideran como buenos indicadores de la habilidad, conocimiento o destreza a medir.

Se caracterizan porque tratan de medir resultados máximos, se aplican en condiciones estandarizadas, presentan un conjunto de tareas uniformes para el conjunto de personas a examinar, hay conciencia de "ser examinado" y se establecen patrones externos para medir la corrección.

Dentro de estas técnicas de prueba podemos distinguir dos grandes grupos :

- o Técnicas psicométricas, que pretenden evaluar aspectos constitutivos de las personas, tales como inteligencia, personalidad, actitudes, etc (los famosos test).
- o Técnicas de examen, que pretenden evaluar resultados del aprendizaje.

No son independientes, dado que las capacidades no son independientes del aprendizaje, pero su objetivo es claramente diferente. En las primeras hay un alto grado de estandarización a través de procesos estadísticos, mientras que en las segundas la estandarización es muy limitada y los criterios de corrección se establecen caso a caso en función del criterio del profesorado y su experiencia. Por otra parte, las escalas de actitudes son un caso particular que tiene algunas características especiales: no tratan de obtener "resultados máximos" (dado que las actitudes no son una habilidad), sino verdaderos, y, si bien se pueden considerar como aspectos constitutivos de la persona (muy relacionados con la personalidad), son también objeto de aprendizaje.

Técnicas de observación

Se trata de técnicas que pretenden obtener la información a través de la observación y el estudio del comportamiento de las personas y/o los grupos en situaciones no excepcionales.

Se caracterizan porque no tratan de obtener el máximo, sino el comportamiento que se manifiesta cotidianamente. Los individuos no tienen necesariamente conciencia de estar siendo examinados.

Estas técnicas son especialmente interesantes para la evaluación del proceso y del programa, si bien también pueden servir para la evaluación de aprendizajes específicos difíciles de medir a través de pruebas de examen (por ejemplo, el desarrollo de actitudes cooperativas). Requieren de instrumentos de registro que permitan recoger la información observada de manera sistemática.

Técnicas de encuesta

Tienen por objeto la obtención de información a través de la pregunta a un conjunto de sujetos. Se diferencian de las pruebas en que lo importante en este caso no es la obtención de la respuesta óptima para evaluar a cada sujeto, sino la obtención de información general para evaluar un aspecto de la realidad diferente de los sujetos. Se basan en la información verbal que las personas dan. Por ejemplo: la encuesta de evaluación de la docencia que se realiza en las Universidades. El instrumento asociado a la encuesta es el cuestionario.

Técnicas sociométricas

En ocasiones es importante obtener información acerca de cómo funcionan no los individuos, sino los grupos. Las técnicas sociométricas están pensadas para describir las dinámicas internas de los grupos y el papel que cada una de las personas juega en él. La información se recoge a través de las respuestas que dan las personas respecto a preferencias y rechazos que se dan en el grupo.

c) Instrumentos de evaluación

Por último, mencionaremos las características de los instrumentos de evaluación más importantes y frecuentes en los procesos de enseñanza-aprendizaje, clasificándolos en función de que su intención principal sea la medición del aprendizaje o la observación de los procesos.

I. MEDICIÓN

A. Exámenes o pruebas de **comprobación de conocimientos**, en diferentes formatos:

1. Pruebas "objetivas", que se caracterizan por que las respuestas correctas son limitadas y predeterminables. Pueden ser, a su vez:

o   Respuesta libre y limitada, p. e.:

¿Cuáles son los países con los que limita el Estado Español?

o   Elección múltiple ("tipo test"), p. e.:

Stenhouse propuso la introducción en el diseño del curriculum de:

»La evaluación formativa

»Los criterios metodológicos

»Los principios de procedimiento

»Los objetivos conductuales

NOTA: En la corrección de estas preguntas, es preciso introducir puntuaciones negativas para corregir la desviación producida porque hay respuestas que se aciertan simplemente por azar.

VENTAJAS:

- Miden adecuadamente los conocimientos concretos adquiridos.
- Son fáciles de corregir

DESVENTAJAS

- Son difíciles de construir adecuadamente.
- No miden capacidades complejas de análisis y síntesis .

B.   Preguntas o pruebas de **desarrollo y ensayo**, en las que se pide la redacción de respuestas más o menos extensas. Pueden incluir preguntas de relacionar conceptos, pero también situaciones problemáticas, comentarios de textos, análisis críticos o estudios de casos.

Ejemplo: *Desarrolla y compara los conceptos de objetivos educativos y competencias.*

VENTAJAS

- Ayudan a ver la capacidad de análisis, síntesis y relación.
- Evalúan bien el aprendizaje significativo y jerarquizado.
- Requieren que el estudiante comprenda y conozca los conceptos básicos de la materia y sus relaciones.

DESVENTAJAS

- Los/as alumnos/as con problemas de lenguaje y redacción tienen más dificultad.
- Son más difíciles de corregir y requieren más esfuerzo al/la profesor/a.

C. **Trabajos** personales o en grupo.

1. Trabajos de ***ensayo***, que pueden incluir análisis de documentos, investigación y síntesis.

VENTAJAS

- Miden muy bien las capacidades complejas y la capacidad crítica.
- Fomentan la iniciativa y actividad en los aprendizajes.
- Son en sí mismos una forma de estudio.

DESVENTAJAS

- Requieren mucho tiempo por parte de los alumnos.
- Requieren apoyo permanente del profesor.

2. Trabajos de ***aplicación de contenidos***. Ejemplo: elaboración de una planificación educativa, desarrollo de una actividad de enseñanza-aprendizaje…

VENTAJAS

- Son muy adecuados para evaluar capacidades prácticas, o el grado de cumplimiento de objetivos procedimentales.
- Fomentan también la capacidad crítica, la iniciativa y la actividad.

DESVENTAJAS

- Las mismas que los trabajos de ensayo.
- No son adecuados para todo tipo de aprendizajes.

D.   Entrevistas y ***exámenes orales***, personales o en grupo. Son especialmente adecuadas para cursos de mayor duración y con número limitado de participantes.

VENTAJAS

- Son adecuadas para comprobar el grado de asunción personal de los contenidos.
- Permiten valorar tanto conocimientos concretos como capacidad de relación, análisis y síntesis.
- Son independientes de la capacidad de redacción.

DESVENTAJAS

- Dependen de la capacidad de expresión oral de los participantes.
- Requieren mucho tiempo.

II.   *OBSERVACIÓN*

A.   **Registros de asistencia** – El registro de asistencia es útil no sólo para la evaluación de los participantes, sino para la evaluación del programa. Puede dar indicios del éxito del mismo. Adicionalmente, puede utilizarse como instrumento de evaluación, especialmente si se ha establecido la asistencia como obligatoria; aunque es preciso reconocer que no mide el aprendizaje, sino únicamente el cumplimiento del requisito.

B.   **Diario de sesiones** – Es conveniente registrar lo que sucede en cada sesión tanto para la evaluación del programa como para el seguimiento del mismo.

C.   **Registro anecdótico** – El registro anecdótico es un tipo de registro que consiste en anotar una serie de datos de las situaciones anecdóticas, fuera de lo habitual, que se producen en el aula o en un determinado proceso educativo.

D.   **Registros de participación** – Si se quiere tener en cuenta la participación como elemento de evaluación, sea del programa o de los/as participantes, es preciso establecer registros sistemáticos que garanticen que se recoge información de manera imparcial y no sesgada. Existen diferentes normas para registrar la información obtenida de la observación.

III. OTROS INSTRUMENTOS

A. **Escalas de actitudes** – Para la medición de actitudes se construyen un tipo particular de cuestionarios que miden el acercamiento de las personas a un extremo u otro de la escala.

Las actitudes son atributos de las personas y, por tanto, difícilmente calificables como "aptas o no aptas", aunque podamos considerar que algunas son más constructivas que otras. Sin embargo, también son objeto de la educación; por eso puede interesarnos medir las actitudes en diferentes momentos, no con intención de calificar a las personas sino con la intención principal de evaluar el proceso y el programa.

B. **Test psicométricos** – Los test psicométricos estandarizados pueden ser de gran utilidad como elementos diagnósticos para la orientación de la acción educativa. No son herramientas de evaluación del aprendizaje, ni del programa ni del proceso, pero sí pueden aportar información valiosa acerca del camino a seguir.

C. **Cuestionarios** – Los cuestionarios son el instrumento para la realización de encuestas (es importante no confundir ambos conceptos). Los cuestionarios pretenden recoger información u opiniones de las personas sobre distintos aspectos de la realidad. La confección de los cuestionarios es una cuestión delicada que debe tener en cuenta varias normas a fin de facilitar su claridad y maximizar su fiabilidad y validez.

Los cuestionarios son también el instrumento adecuado para obtener información acerca de la valoración general que las personas que participan hacen de un programa determinado o para conocer sus expectativas y conocimientos iniciales. Pueden incluir preguntas de elección múltiple, escalas o preguntas abiertas. Su sistematización y tratamiento estadístico es importante para poder sacar conclusiones generales.

D. **Sociogramas** – También se trata de un tipo de instrumentos que no se pueden utilizar para medir el aprendizaje, pero sí para obtener información acerca de la realidad de un grupo determinado. Se construyen a partir de la pregunta a todos los miembros del grupo respecto a sus preferencias y rechazos respecto al resto de los miembros del grupo. Permiten ver cuál es la estructura del grupo, quienes son sus líderes en diferentes aspectos, qué alianzas existen y qué personas están aisladas. Ofrecen información delicada, pero que puede ser valiosa adecuadamente tratada para intervenir en la línea de suavizar conflictos o facilitar la integración de todas las personas del grupo.

BIBLIOGRAFÍA

Alvarez, A. y del Río, P. (1990), *Educación y Desarrollo. La teoría de Vygotsky y la zona de desarrollo próximo*, en Coll, Palacios y Marchesi (eds.) **Desarrollo psicológico y educación II**. Madrid: Alianza Editorial.

Blasi, A. (2005) *La construcción de la identidad durante la adolescencia*, en Libro de Ponencias del **Congreso Ser Adolescente Hoy**, Madrid: FAD.

Cabrera y Espín (1986) **Medición y evaluación educativa.** Barcelona: PPU

Cabrerizo, Rubio y Castillo (2008) **Programación por competencias: formación y práctica.** Madrid: Pearson Educacion.

Calatayud Salom (2007) *La evaluación diagnóstica, un arma de doble filo*, en **Organización y Gestión Educativa**, nº 2, marzo-abril 2007.

Coll, C. (1987) **Psicología y Currículo**. Barcelona: Laia.

Coll, Palacios y Marchesi (ed.) (1990), **Desarrollo psicológico y educación II**. Madrid: Alianza Editorial.

Ferrière, A. (1982) **La escuela activa.** Barcelona: Herder.

Freire, P.   (1985) **Pedagogía del oprimido**. Madrid: Siglo XXI.

(1993) **Pedagogía de la esperanza**. Madrid: Siglo XXI.

Gimeno Sacristán (1983) **Teoría de la enseñanza y desarrollo del currículo**. Salamanca: Anaya.

Gimeno Sacristán (comp.) (2009) **Educar por competencias, ¿qué hay de nuevo?** Madrid: Morata.

Gimeno Sacristán y Pérez Gómez (comp) (1989) **La enseñanza: su teoría y su práctica**, Madrid: Akal.

Goodson, I.F. (1995) **Historia del currículum. La construcción social de las disciplinas escolares.** Barcelona: Pomares-Corredor.

Herrán Gascón, A. y Paredes Labra, J. (coord..) (2008) **Didáctica General.** Madrid: MacGraw Hill.

Laparra, M. Y Pérez Eransus, B. (coord.) (2014) *La exclusión social en España: un espacio diverso y disperso en intensa transformación*, en **VI Informe sobre exclusión y desarrollo social en España**, Madrid: FOESSA.

Lerena, C. (1983), **Reprimir o liberar. Crítica sociológica de la educación y la cultura contemporánea**, Madrid: Akal.

Medina Fernández, O. (1997) **Modelos de educación de personas adultas**. Barcelona: El Roure Editorial.

Menéndez Vega, C. (2007) **Introducción a la psicopedagogía,** Santiago de Chile: INPAS.
(2010) **La formación del laicado en Santiago de Chile: seguimiento y evaluación** (tesis doctoral). Oviedo: Universidad de Oviedo.
(2013) **Habilidades para la enseñanza presencial** (material curso on line)**.** Oviedo: IAAP Adolfo Posada.
(2013) **Habilidades docentes y recursos didácticos** (material curso on line)**.** Oviedo: IAAP Adolfo Posada.
(2019) **Metodología de la Intervención Social**. Madrid: Paraninfo.
(2020) **Intervención Socioeducativa con Jóvenes.** Madrid: Paraninfo.
(2021) **Animación Sociocultural y Educación de Personas Adultas: repensando la educación**. Gijón: Amazon.
(2021) **Didáctica General: Planificación y evaluación como herramientas para la mejora educativa**. Gijón: Amazon.
(2021) **Planificación y evaluación en la Educación no Formal**. Gijón: Amazon.
(2021) **Educación de Personas Adultas y cambio social e institucional**. Gijón: Amazon.

Moral Santaella, C. (coord.) (2010) **Didáctica. Teoría y práctica de la enseñanza.** Madrid: Pirámide.

Palacios, J (1984) **La cuestión escolar: críticas y alternativas**. Barcelona: Laia.

Pujolás, P. (2010) **Aprender juntos alumnos diferentes**. Barcelona: Octaedro.

Rozada, J.M., Cascante, C. y Arrieta, J. (1989) **Desarrollo curricular y formación del profesorado.** Gijón: Cyan

Sáez Carreras, J. y Escarbajal de Haro, A. (coord) (1998) **La educación de personas adultas. En defensa de la reflexividad cívica**. Salamanca: Amarú.

Sarramona, J. (2000) **Teoría de la Educación.** Barcelona: Ariel.

Sarramona, Vázquez y Colom (1998) **Educación no formal.** Barcelona: Ariel.

Schaffer, R. (1981) **Ser madre**. Madrid: Morata

Simón Rodríguez, M.E. (2011) **La igualdad también se aprende. Cuestión de coeducación.** Madrid: Narcea.

Stones, E. (1983) **Psicopedagogía.** Barcelona: Paidós.

Torres Manzanera (coord.) et al. (2008) **Igualdad, desafío para la adolescencia**. Gijón: Grupo Norte.

Trianes Torres, M.V. y Gallardo Cruz, J.A. (coord.) (2004) **Psicología de la educación y del desarrollo en contextos escolares**. Madrid: Pirámide.

Vygotsky, L.S. (2010) **Pensamiento y lenguaje**. Barcelona: Paidós Ibérica.